Blau: erfrischt

Indigo: strafft die Haut

Violett: nimmt den Stress

Purpur: lindert Schmerzen

Magenta: harmonisiert die Gefühle

Scharlach: stärkt den Kreislauf

Monnica Hackl

Lichtwellness

Monnica Hackl

Lichtwellness

Gesund und schön mit Farben

nymphenburger

Die Anwendungen in diesem Buch sind von Autorin und Verlag sorgfältig geprüft, dennoch kann keine Garantie übernommen werden. Jegliche Haftung der Autorin bzw. des Verlages und seiner Beauftragten für Gesundheits- sowie Personenschäden ist ausgeschlossen.
Die in diesem Ratgeber vermittelten Informationen sollen keinesfalls ärztlichen Rat ersetzen, sie dienen ausschließlich der Selbsthilfe und der Weiterbildung. Die Autorin und der Verlag übernehmen keinerlei Verantwortung für medizinische Wirkungen oder Ansprüche auf solche Wirkungen in Zusammenhang mit dem in diesem Buch veröffentlichten Material.

Besuchen Sie uns im Internet unter
www.nymphenburger-verlag.de

Schutzumschlag: Wolfgang Heinzel
Schutzumschlagmotiv: getty-images, München
Illustrationen: Claudia Semia Sanna, München
Satz: EDV-Fotosatz Huber /
Verlagsservice G. Pfeifer, Germering
Gesetzt aus 10,5/13,5 pt. Optima
Druck und Binden: GGP Media GmbH, Pößneck
Printed in Germany
ISBN 3-485-01079-0

Inhalt

Lichtwellness – innere Anwendungen

Lichtwellness für die Seele

Anhang

Was ist Lichtwellness?

Ein Leben ohne Farbe ist für uns unvorstellbar, ein Leben ohne Licht ganz und gar unmöglich! Farbe und Licht hängen eng miteinander zusammen. Doch was ist Farbe eigentlich? Angesichts der unglaublichen Vielfalt der Farbnuancen klingt die Antwort geradezu unromantisch: Farbe ist nichts anderes als Licht in einer bestimmten Wellenlänge!

Das heißt, wir sehen Rot, Lindgrün, Zitronengelb als Farben vor unseren Augen, wenn die Wellen der Lichtstrahlen eine bestimmte Länge haben. Damit sind Farben eine physikalische Größe und die Physiker haben ganz genau ausgerechnet, wie lang der Lichtstrahl z.B. sein muss, damit das Auge Grün sieht. Wenn wir also »nur« von Farbe allein sprechen wollen, so ist das unmöglich: Denn wenn wir Farbe sagen, beinhaltet das immer zugleich auch Licht, das die Farbe erst entstehen lässt.

Farbe beinhaltet immer auch Licht

Wir wollen uns hier jedoch nicht mit der physikalischen Entstehung und der Wirkung von Licht und Farbe beschäftigen. Nein, es geht um Ihr ganz persönliches Wohlbefinden – es geht um Lichtwellness!

Lichtwellness bedeutet nichts anderes, als dass Sie mit Farbe und Licht sehr viel für Ihr gesundheitliches und seelisches Wohlbefinden tun können. Wie anders Sie sich fühlen, wenn Sie in Ihrer Lieblingsfarbe gekleidet sind, oder wie die Farbe der Wohnzimmervorhänge Sie inspiriert, interessiert hier nur am Rande. Es geht vielmehr um die tief greifenden, inneren und äußeren Applikationen des Lichts.

Licht und Farbe können wir uns auf vielfältige Weise nutzbar machen. Als Erstes hilft farbiges Licht, das von außen auf die Haut gestrahlt wird, bei den verschiedensten Gesundheitsstörungen. Das Licht wird bei der Bestrahlung von der Haut resorbiert und dann durch die Energiekanäle (Meridiane), wie man sie z.B. aus der chinesischen Medizin kennt, ins Körperinnere weitergeleitet, sodass der gesamte Körper sie nutzen kann. Diese Energiekanäle sind mit Straßen oder Transportwegen zu den inneren Organen vergleichbar. Doch Licht bedeutet nicht nur Gesundheit, nein, es verbessert auch unsere Stimmung und hilft uns aus manchem seelischen Tief heraus. Nicht zuletzt tragen die leuchtenden Lichtfarben auch dazu bei, dass wir schöner werden, indem sie z.B. unsere Haut straffen oder Narben glätten.

Licht sorgt für Gesundheit, Freude und Schönheit

Farblicht, das von außen auf den Körper wirkt, verbessert also körperliche Beschwerden, negative Stimmungen und schließlich sogar unser Aussehen.

Der Schwerpunkt der äußerlichen Anwendungen von Lichtwellness liegt auf den Bestrahlungen, doch auch mit Düften und Bädern kann man sich die Wirkung von Farbe und Licht zu Eigen machen.

Auch die innerliche Anwendung von Farben spielt eine wichtige Rolle. So merkwürdig es zunächst klingen mag: Sie können Farben essen und trinken und sogar einatmen! Das Trinken von Wasser, das die Energie der Farben in sich aufgenommen hat, oder die Anwendung von Schüßlersalzen dient der Gesundheit und dem Wohlbefinden. Die alten Chinesen haben gerade auf diesem Gebiet der inneren Anwendung von Farben Erstaunliches entdeckt und es in ihr Wissen von Gesundheit und Heilung eingearbeitet.

Neben der inneren und der äußeren Anwendung von Farbe kann man Farbe auch bei Visualisierungen und

Meditationen einsetzen. Dies stärkt das Selbstbewusstsein und gibt der Seele neue Kraft.
Als Pionier der Licht- und Farbbehandlung gilt der indische Arzt und Chemiker Dr. Dinshah Ghadiali. Um 1930 entdeckte er, dass er mit zwölf genau definierten Farben zahlreiche Beschwerden seiner Patienten heilen konnte. Die Farben, mit denen er bestrahlte, sind: Rot, Orange, Gelb, Lindgrün, Grün, Türkis, Blau, Indigo und Violett. Zusätzlich zu diesen neun Farben kann noch mit den drei Kreislauffarben Purpur, Magenta und Scharlach gearbeitet werden, deren Anwendung jedoch nur mit großer Sorgfalt durchgeführt werden sollte, da ihre Wirkung sehr stark sein kann. Die Erkenntnisse Ghadialis sind bahnbrechend, gleichzeitig jedoch ohne viel Aufwand anzuwenden. Denn die Anwendungen von Lichtwellness sind einfach und kostengünstig, sie erwecken nicht den Anschein von mühsamen Heilbehandlungen, sondern schenken sehr schnell, manchmal auch sofort, das Gefühl von Wohlbefinden, Freude und Lebenslust. Trotz dieser Leichtigkeit bitte ich Sie, sich an die Regeln der Farbapplikationen zu halten. Denn Farbe und Licht, im Übermaß genossen, können ernst zu nehmende Nebenwirkungen haben.

Lichtwellness ist einfach und kostengünstig

Richtig angewandt bietet Lichtwellness für jeden von uns die Möglichkeit, Gesundheit und Schönheit zu erlangen.
Der Aufbau des Buches folgt einer Einteilung in die drei Anwendungsbereiche: äußere Anwendungen, innere Anwendungen und Lichtwellness für die Seele. Zu Beginn stelle ich allerdings noch ausführlich die einzelnen Heilfarben und ihre Wirkung vor. Dieses System soll es Ihnen erleichtern, sich ganz nach Ihren persönlichen Bedürfnissen ein individuelles Lichtwellness-Programm zusammenstellen zu können.

Die richtige Ausstattung und Vorbereitung

Wir arbeiten bei den äußeren Anwendungen mit Farbe und Licht. Eine Lichtquelle scheint mit einer bestimmten Farbe auf die Haut und erzeugt dort die gewünschte Wirkung.

Wenn Sie erst einmal für sich selbst experimentieren wollen, fangen Sie mit ein paar Stückchen gefärbter Seide oder einigen Bögen Transparentpapier und einer Taschenlampe an. Sie können sich dann später entscheiden, was Sie noch zusätzlich brauchen. Im Anhang erfahren Sie, wo Sie die einzelnen Hilfsmittel erhalten können.

Wenn Sie bequemer genießen oder professioneller mit Lichtwellness umgehen möchten, benötigen Sie nur zwei Dinge: Eine geeignete Lampe mit Metallschirm, wie z.B. eine Schreibtischlampe, und dazu passende Farbfolien, die Sie vor die Lampe klemmen. Diese Investition ist gering und hält ein Leben lang. Da es auf die Qualität der Farbe und nicht auf die Wattzahl der Lichtquelle ankommt, genügen Glühbirnen von fünfundzwanzig bis maximal vierzig Watt, um ein schönes Ergebnis zu erzielen. Denken Sie daran, dass Glühbirnen von sechzig oder hundert Watt auch mehr Wärme entwickeln und so Brandgefahr besteht, falls die Lampen zu lange in Betrieb sind oder versehentlich vergessen wurde, sie auszuschalten. Seidenstoffe, Papier oder Folien fangen an zu schmoren und zu brennen! Darauf sollten Sie unbedingt achten, um Schaden zu vermeiden!

Wichtig ist die Qualität der Farbe

Natürlich können Sie die Seide oder das Farbpapier auch direkt auf den Körper auflegen und sich von der

Sonne bescheinen lassen, wenn Sie Lichtwellness im Freien oder auf dem Balkon genießen möchten. Denken Sie jedoch daran, dass trotz farbiger Auflagen immer ein zusätzlicher Sonnenschutz nötig ist!
In den meisten Fällen genügen diese Maßnahmen für Ihre persönliche Wellnessbehandlung. Wenn Sie allerdings stark auf das Zellgewebe einwirken wollen, um Ihr Gewebe zu straffen oder Ihren Körperumfang zu reduzieren, reicht eine einfache Lichtbestrahlung nicht aus. D.h. genauer gesagt, sie würde zu lange dauern, da Sie sich Stunde für Stunde mit farbigem Licht bestrahlen müssten, um eine Wirkung zu verspüren.

Bestrahlungen mit Polarisationsfiltern sind intensiver

Damit das Farblicht in diesem Fall schneller und auch tiefer ins Gewebe eindringen kann, ist es nötig, einen so genannten Polarisationsfilter (im Folgenden in seiner Kurzform als Polfilter bezeichnet) zu Hilfe zu nehmen.
Polfilter sind in Fotogeschäften erhältlich und können auf alle möglichen Größen zugeschnitten werden. Durch eine Ausrichtung des Lichts kann ein Fotograf mit Hilfe eines solchen Filters auch Bilder mit starker Sonnenreflexion aufnehmen. Das ist dann der Fall, wenn sich die Sonne auf einer Wasser- oder Glasoberfläche spiegelt.
Ein Polfilter ist eine Kunststofffolie, die so strukturiert ist, dass das Licht polarisiert wird, wenn es durch diesen Filter hindurchscheint, d.h. es bewegt sich nur noch auf einer bestimmten Schwingungsebene. Polarisiertes Licht trifft daher immer mit der gleichen Leistung auf die Hautoberfläche. D.h., alle einfallenden Lichtwellen werden ausgerichtet und so »polarisiert«, dass sie alle in einer Richtung und auf parallelen Ebenen schwingen. Dadurch wird etwas Helligkeit zurückgehalten, denn nur die Lichtwellen können den Filter passieren, die die gleiche Polarisationsebene wie er selbst aufweisen. Wenn man zwei Polfilter in einer bestimm-

ten Stellung übereinander legt, kann überhaupt kein Licht mehr hindurchfallen.
Polarisiertes Licht kann, im Gegensatz zu dem üblichen Streulicht, gezielte Umordnungsvorgänge in den einzelnen Körperzellen vornehmen oder einleiten. Da die einzelnen Organsysteme im Körper miteinander in Verbindung stehen und miteinander kommunizieren, können sie durch Licht Impulse für eine positive Veränderung aufnehmen. Durch die Polarisierung des Lichtes wird einerseits die Behandlungszeit erheblich verkürzt und andererseits dringt das Licht gezielter in die betroffenen Hautareale ein.
Für eine derartige Intensivbehandlung muss zuerst der Filter an der Lampe und darüber die Farbfolie befestigt werden.
Eine CD mit Entspannungsmusik oder mit beruhigenden Naturgeräuschen, wie Meeresrauschen, ist eine schöne Ergänzung für ein Lichtbad.

Schaffen Sie sich eine entspannte Atmosphäre

Eine weitere Möglichkeit der Lichtbehandlung stellt das Auflegen von Kristallkarten oder Halbedelsteinen auf den Körper dar. Bei dieser Art der Anwendung sind keine anderen äußeren Lichtquellen nötig, da diese Hilfsmittel mit dem in ihnen gespeicherten Licht arbeiten, das sie abstrahlen, wenn sie mit der Haut in Berührung kommen.
Das alles gilt nur für die Anwendung von außen. Die innere Lichtwellness bedarf in den meisten Fällen keinerlei Werkzeuge. Lediglich die innere Bereitschaft zur Konzentration und Meditation lässt die Kraft von Licht und Farbe wirken.

Einige Regeln

Für alle Anwendungen von Lichtwellness, die äußerlichen wie die innerlichen, ist ein Punkt besonders wichtig, mindestens ebenso wichtig wie die Lichtquelle und die Farben selbst: Nur im Zustand der Ruhe können all diese schönen Farben wirken, nur im Zustand der Ruhe kann das Licht in die innersten Winkel des Körpersystems hineinleuchten und Wohlbefinden und Glücksgefühle auslösen. Nehmen Sie sich also Zeit für sich selbst. Das ist wirklich ein echter Luxus: eine halbe Stunde nur für Sie allein!

Für die Bestrahlungen mit Licht gibt es außerdem noch ein paar besondere Punkte zu beachten: Dinshah Ghadiali war der Ansicht, dass nur ein Farblichtbad von einer vollen Stunde eine positive Wirkung auf das Wohlbefinden hat. Ich kann das nach vielen Praxisjahren mit Lichtwellness nicht generell bestätigen. Tatsächlich genügen häufig nur zehn Minuten des Lichts, um die Speicher wieder aufzufüllen. Dabei sollten Sie es dann auch belassen und nicht denken, viel hilft viel! Das genaue Gegenteil ist oft der Fall, Sie werden sich viel wohler fühlen, wenn Sie Ihr individuelles Lichtbad auch in der genau für Sie richtigen Zeit einnehmen. Und wie lange ist diese ganz persönliche Zeit? So lange wie Sie die gewählte Farbe mit allen Sinnen genießen und sich dabei rundherum wohl fühlen!

Die Dauer des Lichtbades muss individuell festgelegt werden

Wenn Sie sich das erste Mal mit Lichtwellness verwöhnen, dann planen Sie zwanzig bis maximal dreißig Minuten dafür ein. Eine längere Bestrahlung mit farbigem Licht ist nur dann empfehlenswert, wenn Sie schon mit der Wirkung der Farben vertraut sind und wissen, wie Sie ganz persönlich, z.B. auf Gelb, reagieren.

Vorsicht bei Rot, Orange und Gelb

Eine gewisse Vorsicht ist bei den Farben Rot, Orange und Gelb angeraten. Sie haben eine stark belebende Wirkung und es kann daher sein, dass Ihr Körper nur wenige Minuten braucht, um die Farbe in sich zu speichern. Mein Tipp dazu ist: Wenn Sie eine leichte Unruhe oder ein Unbehagen während der Anwendung verspüren, brechen Sie die Behandlung ab. Bestrahlen Sie sich am besten mit der gegenteiligen Farbe, um die Überdosis an Licht wieder auszugleichen. Falls also Rot, Orange oder Gelb Sie zu stark angeregt haben, gönnen Sie sich eine nur fünfminütige kühlende Farbbestrahlung mit Türkis, Blau oder Indigo. Sie spüren sofort, dass es Ihnen dabei wieder besser geht.

Zum Lichtbaden brauchen Sie nicht völlig unbekleidet sein, es genügt, wenn einige Körperteile unbedeckt sind: Gesicht, Hände, Arme und Dekolletee sollten dem Licht ausgesetzt sein. Geht es bei der Bestrahlung um ein bestimmtes Körperteil, z.B. bei einer Cellulite-Behandlung, sollte dieses natürlich ebenfalls unbekleidet bestrahlt werden. Die Augen dürfen dabei ruhig geschlossen bleiben, da durch die dünne Haut der Lider genügend Farblicht absorbiert wird.

Außerdem entstehen unangenehme Gefühle wie Sehstörungen, Verwirrung oder Benommenheit, wenn längere Zeit in eine leuchtende Farbe hineingesehen wird. Es empfiehlt sich, aus einer Entfernung von siebzig bis einhundert Zentimetern zu bestrahlen.

Generell ist es am wirkungsvollsten, wenn die Anwendung im Liegen durchgeführt wird, da diese Haltung am entspannendsten ist. Je nach Ihren eigenen Vorlieben oder abhängig vom jeweiligen Körperteil, das bestrahlt wird, können Sie auch sitzen oder stehen.

Eine gewisse angenehme Raumwärme lässt Licht und Farben besser zur Wirkung kommen. Bei Wärme öffnen sich die Poren, während sie sich bei Kälte zusammenziehen (Gänsehaut). Bei angenehmer Temperatur ist die gesamte Haut entspannter und nimmt die Lichtfarben gut und vollständig auf. Versuchen Sie auf keinen Fall, sich durch eine Birne mit hoher Wattzahl aufzuwärmen, vor der Sie dann einen Farbfilter befestigen! Das nämlich macht die Filter unbrauchbar. Es ist viel besser, wenn der gesamte Raum eine angenehme Temperatur hat. Ich habe es tatsächlich schon erlebt, dass eine Frau einen Farbfilter vor ihrer Höhensonne befestigte und sich durch eine zu lange Bestrahlung Schaden zufügte, nicht etwa, weil die Farbe falsch gewählt war, sondern weil es im Allgemeinen gesundheitsschädlich ist, längere Zeit vor einer Höhensonne zu verbringen!

Das Farblicht wirkt besser, wenn es nicht so hell im Zimmer ist. Es empfiehlt sich daher, bei hellem Tageslicht die Vorhänge ein wenig zuzuziehen oder die Rollläden hinunterzulassen, sodass ein angenehmes Halbdunkel entsteht. Die Haut ist dann besser dazu in der Lage, das angebotene Licht vollständig aufzunehmen. Wenn Sie sich vor der Behandlung mit Ihrer Lieblingslotion eincremen, wird deren positive Wirkung durch das Licht verstärkt.

Dunkeln Sie vor der Behandlung den Raum ab

Auch mit vollem Magen kann Lichtwellness nicht zur Wirkung kommen. Die Energie ist dann in der Körpermitte weitgehend blockiert, vor allem, wenn eine schwere Mahlzeit vorausging. Die Verdauungsarbeit beschäftigt den Körper so, dass kein Platz mehr für feinere Regulationen ist. Im besten Falle ist eine Lichtbehandlung bei vollem Magen sinnlos, im schlechteren löst sie Unbehagen aus. Warten Sie also eine Stunde lang, bevor Sie nach einer Mahlzeit mit Lichtwellness

beginnen. Bei kleineren Imbissen genügt es, etwa dreißig Minuten lang zu warten.
Ein- bis dreimal pro Woche sollten Sie Ihre Anwendung durchführen. Der Stress verfliegt und Körper und Seele erhalten den Raum, den sie brauchen, um sich zu regenerieren und wieder frisch und kreativ zu sein. Sich diese Zeit zu gönnen, ist wichtig, damit wir den vielfältigen Aufgaben und Anforderungen des modernen Lebens gesund und stark begegnen können.

Die Bedeutung der Heilfarben

Im Folgenden beschreibe ich die Eigenschaften der einzelnen Heilfarben und ihre Anwendungsbereiche in der Lichtwellness. Neben den neun Heilfarben nach Dinshah Ghadiali gehe ich dabei auch auf Weiß und Schwarz sowie die drei Kreislauffarben Purpur, Magenta und Scharlach ein. Die beschriebenen Wirkungsweisen lassen sich besonders gut durch Lichtbestrahlungen erzielen, beziehen sich allerdings auch auf die anderen Lichtwellness-Anwendungen.

Rot

Rot ist belebend und anregend

Rotes Licht wirkt belebend und anregend. Da es die Bildung von roten Blutkörperchen fördert, fühlen Sie sich nach einer Bestrahlung mit Rot auch viel vitaler und frischer. Wenn Sie müde oder erschöpft sind oder sich gerade mit einem grippalen Infekt herumschlagen, dann sollten Sie sich fünfzehn Minuten lang unter rotes Licht legen.

Rot regt auch die Durchblutung an. Blasse Menschen brauchen daher zwei- bis dreimal pro Woche zehn Minuten lang Rot. Die positive Wirkung ist schon nach wenigen Bestrahlungen zu sehen: Die Haut wirkt rosig und besser durchblutet.

Da rotes Licht allerdings auch entgiftend wirkt, kann es kurzfristig zu Pickeln kommen. Diese verschwinden jedoch schnell wieder wie von selbst. Sie können den vorübergehenden Entgiftungsvorgang unterstützen, indem Sie genügend trinken oder sich in der Sauna oder im Dampfbad so richtig ausschwitzen.

Grundsätzlich sollten Sie für Rot kurze Bestrahlungszeiten wählen: etwa zehn bis zwanzig Minuten. Auf Grund seiner anregenden Wirkung sollten Sie es nur am Vormittag anwenden. Im weiteren Verlauf des Tages ist Rot nur bei großer Erschöpfung oder Müdigkeit angesagt. Wer sich um sechzehn Uhr mit Rot bestrahlt, tut sich mit Sicherheit schwer beim Einschlafen, er schläft unruhig und wird durch aufregende Träume gestört.

Rot sollte nicht leichtsinnig verwendet werden

Rotes Licht ist eine große Hilfe bei Müdigkeit, es sollte jedoch nicht leichtsinnig dazu verwendet werden, um sich entgegen aller Vernunft aufzuputschen. Wichtiger ist es, dem Körper das zu geben, was er wirklich braucht, und sich genügend Schlaf zu gönnen.

Verzichten Sie auf Rot, wenn Sie Fieber haben, an einer Entzündung oder unter Hitzegefühlen leiden.

Achtung: Rotes Licht im Rahmen einer Lichtwellness-Behandlung ist nicht mit dem gebräuchlichen Rotlicht zu verwechseln, das innerhalb des Körpers eine ganz starke Wärmeentwicklung erzeugt. Beide arbeiten in völlig unterschiedlichen Bereichen, haben eine ganz unterschiedliche Wirkung und sind keinesfalls miteinander austauschbar!

Wenn Sie sich häufig mit Rot bestrahlt haben, tut es dem Körper gut, zwischendurch auch einmal mit blauem oder indigofarbenem Licht verwöhnt zu werden, denn das wirkt ausgleichend. Diese Empfehlung gilt besonders dann, wenn Sie einmal zu lange unter rotem Licht gelegen haben und sich wie aufgeputscht fühlen, dann braucht Ihr Körper sogar ganz dringend die blaue Farbe!

Rot

- regt an;
- vitalisiert;
- fördert die Durchblutung;
- entgiftet.

ausgleichend:
Blau, Indigo

Orange

Orange ist eine sehr wichtige Farbe bei der Lichtwellness mit vielfältigen Anwendungsmöglichkeiten! Vom Lösen von Verkrampfungen bis hin zur Neubildung von Knochensubstanz reicht ihre Palette! Dazu kommen natürlich auch noch einige Schönheitsgeheimnisse.

Orange erfrischt und verschönert

Orange baut altes Gewebe ab und fördert die Bildung von neuem Gewebe. Das tut es tief im Körper, im Gewebe und in den Organen, aber auch auf der sichtbaren Oberfläche der Haut. Daher ist es eine wunderbare Farbe, um die Haut zu erfrischen und zu verschönern.

Orange, auf die Brust gestrahlt, fördert die Milchbildung bei stillenden Müttern, sodass das Baby genug zu trinken bekommt.

Falls Sie unter Verspannungen der Muskulatur leiden, verhilft ein Lichtbad in Orange dazu, dass sich die Muskeln wieder lockern. Das ist besonders empfehlenswert bei Verspannungen der Skelettmuskulatur, d.h. wenn Sie Nacken- oder Rückenschmerzen haben. Aber auch Bauchschmerzen, z.B. während oder vor der Periode, lösen sich unter orangem Licht.

Orange hat einen so genannten »Kalziumeffekt«. Das bedeutet, dass diese Farbe die Nebenschilddrüsen anregt, die dann ihrerseits dafür sorgen, dass genügend Kalzium bereitgestellt wird, um die Knochen wieder aufzubauen. So ist Orange besonders wichtig für die Ernährung von Kindern, um sicherzustellen, dass sie starke Knochen bekommen. Natürlich brauchen auch ältere Menschen, die an einem Rückgang der Knochensubstanz (Osteoporose) leiden, möglichst viel oranges Licht.

Nach einem Bruch wird das gebrochene Körperglied mit Orange bestrahlt, damit die Kallusbildung wieder schnell einsetzt und der Bruch gut verheilen kann. In diesem Fall wird oranges Licht auf den Gipsverband des Beines oder Armes gestrahlt.

Orange entspannt die Seele

Auch seelische Verkrampfungen verlangen nach Orange. Die Menschen fühlen sich nach einem orangen Lichtbad wie neugeboren, denn es entspannt die Seele und löst Ängste. Unter diesem Licht fühlt man sich sicher und beruhigt, denn es scheint eine geheimnisvolle Schutzschicht um die ganze Person herumzulegen und sie wie eine schützende Hülle mit dem Gefühl der Geborgenheit zu umgeben. Alles erscheint freundlicher und leichte depressive Verstimmungen machen einem Gefühl der Heiterkeit Platz.

Wenn Sie sich einige Tage mit Orange bestrahlt haben, gönnen Sie sich einmal ein Lichtbad mit Türkis oder Indigo, um das Übermaß an einer einzigen Farbe wieder auszugleichen.

Oranges Licht wirkt milder als rotes, daher können Sie sich auch länger damit bestrahlen, etwa zehn bis dreißig Minuten lang.

Zwingen Sie sich dazu, möglichst lange unter rotem oder orangem Licht zu liegen. Beim geringsten Unbehagen oder bei Unruhe und Nervosität schalten Sie das Licht aus und gleichen zehn Minuten mit blauem Licht aus. Diese Zeichen bedeuten nämlich, dass Sie schon genügend Rot oder Orange durch die Haut aufgenommen haben.

Orange

- löst Verkrampfungen;
- fördert die Bildung von neuem Gewebe;
- löst Verspannungen und Bauchschmerzen;
- fördert die Neubildung der Knochensubstanz;
- entspannt und löst Ängste.

ausgleichend:
Türkis, Indigo

Gelb

Gelb ist die strahlendste und lebhafteste Farbe unter allen neun Heilfarben. Sie hat viele gute Eigenschaften, die Körper und Seele helfen können.

Zuallererst ist Gelb *die* Farbe, um das Nervensystem anzuregen. Das gilt sowohl bei Lähmungen als auch bei einer allgemeinen Nervenschwäche oder Nervenverletzungen.

Gelb regt das Nervensystem an

Gelbes Licht, das auf den Bauch gestrahlt wird, wirkt sehr belebend auf das gesamte Verdauungssystem und auf die Produktion von Verdauungssäften. Dazu gehören z.B. die Gallenflüssigkeit, die Enzyme der Bauchspeicheldrüse oder der Magensaft. Wir brauchen diese körpereigenen Produkte, da uns sonst das Essen schwer im Magen liegt und wir uns wirklich unwohl und beschwert fühlen. Der große Bedarf an Verdauungshilfen, an Schnäpsen, Magenbitter, Magentabletten oder Abführtees zeigt, wie nötig wir diese Anregung haben.

Auch bei Verstopfung verhelfen Bestrahlungen mit Gelb dazu, dass sich der Darm langsam regeneriert und sich wieder ein regelmäßiger Stuhlgang einstellt. Wenn Sie unter gelbem Licht liegen und sich langsam und kreisförmig den Bauch massieren, verschwinden Blähungen und Verstopfungen. Legen Sie dazu die Hände auf die rechte untere Seite des Bauches und streichen Sie in einem großen Kreis im Uhrzeigersinn über den gesamten Unterbauch. Diese Bewegung folgt dem Verlauf des Dickdarms und bringt Erleichterung und Beruhigung für ein gereiztes Verdauungssystem.

Das gelbe Licht hat eine solche Kraft, dass es Magen und Darm sogar von Parasiten und Giftstoffen reinigen kann. Das kann natürlich nicht mit einer einzigen Bestrahlung erreicht werden. Hier ist es wichtig, den unbekleideten Bauch mehrmals in der Woche dem gelben Licht auszusetzen. Bei allen Entgiftungsbehandlungen muss man außerdem viel trinken. Da nur wenige Menschen das auch wirklich tun, empfehle ich, eineinhalb bis zwei Liter Wasser oder Tee zu trinken.

Gelb wirkt entgiftend

Entgiftung ist eine der Hauptaufgaben von gelbem Licht. Gelb fördert die Tätigkeit der Lymphdrüsen und regt die Lymphe an, besser zu fließen. Da sich in der Lymphe alle möglichen Giftstoffe und Abfallprodukte ansammeln, bringt die Reinigung mit Gelb eine große Erleichterung für den Körper.

Gelbes Licht wirkt sich aber auch reinigend auf das Blut aus. Früher sprach man von Frühjahrskuren, die »blutreinigend« sein sollten und einmal im Jahr durchgeführt wurden. Sie bestanden hauptsächlich in der Einnahme von entwässernden Tees, die die Nieren durchspülten, und Tinkturen, die die Verdauungsorgane in Schwung brachten, viele davon wirkten allerdings abführend.

Über all diese wichtigen Funktionen hinaus hat Gelb auch noch eine aufhellende Wirkung auf die Seele. Bei depressiven Verstimmungen und Schwermut bringen Bestrahlungen mit Gelb bald Heiterkeit und Entspannung. Vor allem bei dem so genannten »Winterblues«, der winterlichen Depression auf Grund von Lichtmangel, tritt die Wirkung besonders schnell ein.

Ein gelber Farbfilter, vor die Schreibtischlampe geklebt, macht außerdem geistig wach und klar. Der Intellekt wird stark angeregt und neue Kreativität und Arbeitslust werden geweckt. Besonders hilfreich ist dies für Menschen, die viel geistig arbeiten müssen, wie z.B. Lehrer, Schüler und Studenten.

Gelb fördert die geistige Fitness

Gelb macht so frisch, dass Sie nach einer längeren Bestrahlung Schwierigkeiten mit dem Einschlafen haben können. Wenn Sie sich täglich oder sehr lange mit Gelb bestrahlt haben, ist es notwendig, dieses Zuviel an goldenem Licht mit einem Blauton auszugleichen. Wenn Sie vor lauter Munterkeit nicht einschlafen können, empfehle ich Ihnen, sich eine halbe Stunde unter indigoblaues Licht zu legen. Wenn Sie Gelb tagsüber ausgleichen möchten, so ist das mit Blau oder Türkis möglich.

Gelb

- regt das Nervensystem an;
- belebt das Verdauungssystem;
- wirkt entgiftend;
- fördert die Tätigkeit der Lymphdrüsen;
- reinigt das Blut;
- wirkt aufhellend und entspannend;
- regt an und fördert die Kreativität.

ausgleichend:
Indigo, Blau, Türkis

Lindgrün

Die Farbe Lindgrün hat viele überraschende Eigenschaften, man könnte ein ganzes Buch nur über sie schreiben. Ähnlich wie Gelb, wirkt auch sie entgiftend, und zwar hauptsächlich über die Haut. Ihre Wirkung ist jedoch viel intensiver und auch stärkere Gifte, wie Blei, Arsen oder Insektizide, können mit Unterstützung von Lindgrün allmählich ausgeschieden werden.

Aus diesem Grund wird Lindgrün auch besonders häufig bei schon länger währenden gesundheitlichen Störungen eingesetzt. Es beeinflusst den Stoffwechsel durch zwei verschiedene Mechanismen: Als Erstes entgiftet Lindgrün sanft, aber kräftig. Als Zweites nährt und repariert lindgrünes Licht die Körperzellen, da es die Frequenzen der meisten Mineralien enthält.

Lindgrün entgiftet und repariert die Körperzellen

Dazu muss man wissen, dass der indische Arzt Dinshah Ghadiali auch Mathematik, Physik und Chemie studiert hatte. Er verdampfte in zahlreichen Versuchen die verschiedenen Elemente und stellte die zum jeweiligen Element gehörende Hauptfarbe fest, die beim Verdampfen sichtbar wurde. Dann ordnete er seinen Heilfarben die chemischen Elemente zu, deren Farbe sich im Versuch zeigte. Lindgrün enthält seinen Experimenten zufolge die Bausteine der meisten Elemente, nämlich zu neunzehn einzelnen Substanzen.

All diese chemischen Substanzen braucht der Körper, um gesund zu sein. Aus diesem Grund ist Lindgrün auch die wichtigste Farbe, um Körperzellen zu reparieren und dann zu »ernähren«. Es regt den Stoffwechsel an, die Mineralien aus der Nahrung besser aufzunehmen und zu verwerten. Es bringt den Körper dazu, sich mit Hilfe des lindgrünen Lichts sozusagen selbst besser aufzubauen.

Allein durch diese Eigenschaften des lindgrünen Lichts wird der Stoffwechsel bei chronischen Erkrankungen verändert. Es ist daher immer richtig, sich mit Lindgrün zu bestrahlen, wenn man an einer längeren gesundheitlichen Störung leidet und nicht so recht gesund werden will.

Auch eine andere wichtige Eigenschaft von Lindgrün kommt allen Menschen zugute, die an einer längeren Gesundheitsstörung oder an Allergien leiden: Lindgrün regt die Funktion der Thymusdrüse und damit auch das Immunsystem an! Die Thymusdrüse liegt hinter dem oberen Teil des Brustbeins und ist ein wichtiges Organ für das Immunsystem. Da sie schon ab dem zwanzigsten Lebensjahr kleiner wird, tut es allen Menschen gut, lindgrünes Licht besonders ausgiebig zu genießen.

Lindgrün regt das Immunsystem an

Von orangem Licht haben wir zuvor gehört, dass es die Knochensubstanz aufbaut. Dasselbe trifft auf lindgrünes Licht zu. Beide Farben tun dasselbe, haben jedoch einen unterschiedlichen Wirkungsmechanismus. Orange regt den Kalziumstoffwechsel an und steigert die Kalziumproduktion, die wir unbedingt für unser Skelettsystem brauchen. Lindgrün baut die Knochen auf, indem es das Element Phosphor anregt, das ebenfalls am Knochenaufbau beteiligt ist. Falls Sie also ein gebrochenes Bein haben oder an Osteoporose leiden, ist es immer richtig, sich mit diesen beiden Farben zu bestrahlen. Auch schwächliche Kinder, deren Knochen noch nicht kräftig genug sind, profitieren von diesem Licht.

Achtung: Die verschiedenen Farben dürfen nicht gleichzeitig angewendet werden, denn das führt nur zu Verwirrung und die positive Wirkung wird dadurch verhindert. Auch nützt es nichts, die beiden Farbfilter bei der Bestrahlung übereinander zu legen, wie einige Menschen glauben. Bestrahlen Sie sich besser vormittags mit Orange und nachmittags mit Lindgrün oder wechseln Sie die Farben täglich, wenn Sie sich nur einmal am Tag bestrahlen wollen.

Lindgrün macht schön

Nicht zuletzt ist lindgrünes Licht auch wie geschaffen für die Schönheitspflege. Es wirkt verjüngend auf das Zellsystem, sodass sich die Durchblutung verbessert und die Haut frischer und zarter wird.

Falls Sie sich täglich mit Lindgrün bestrahlen, sollten Sie ein Zuviel dieser Farbe mit türkisem Licht wieder ausgleichen. Dazu genügt eine einzige Anwendung.

Lindgrün

- wirkt stark entgiftend;
- nährt und repariert die Körperzellen;
- regt den Stoffwechsel an;
- regt das Immunsystem an;
- baut die Knochensubstanz auf.

ausgleichend:
Türkis

Grün

Grün tut allen Menschen gut

Grün ist eine allgemeine Heilfarbe. Mit einem grünen Lichtbad können Sie keinen Fehler machen. Grün tut allen Menschen gut, ob sie nun gesund sind oder an kleineren oder größeren Befindlichkeitsstörungen leiden. Grün wirkt stabilisierend bei allen akuten oder chronischen Problemen.

Ähnlich wie Gelb zerstört grünes Licht in noch stärkerem Maße Mikroorganismen, die den Körper schädigen, und leitet sie sanft aus dem Körper hinaus. Dazu gehören z.B. Viren, Bakterien, Keime und Pilze. Es

wirkt desinfizierend und antiseptisch bei Infektionen. Auch oberflächliche Entzündungen der Haut, wie z.B. Akne, reagieren gut auf Grün – die Haut wird wieder schön und glatt.
Besonders überzeugend wirkt Grün, wenn Sie ganz zu Beginn einer Störung, z.B. einer Erkältung, damit beginnen, sich mit diesem Licht zu bestrahlen. Der Erfolg tritt dann überraschend schnell ein. Auch Herpes im ersten Stadium wird durch grünes Licht gelindert und zum Abklingen gebracht.
Die endokrine Drüse der Hypophyse wird durch Grün angeregt. So kommt ein müdes Hormonsystem wieder in Schwung. Daher kann ich nur empfehlen, bei hormonellem Ungleichgewicht förmlich in grünem Licht zu baden! Denken Sie daran, viele unbegründete Stimmungsschwankungen haben keine psychische Ursache, sondern eine hormonelle: Die Hypophyse schwächelt sozusagen und braucht etwas Nachhilfe mit Grün! Ausgeglichenheit und Wohlbefinden stellen sich danach ganz von selbst wieder ein.

Grün gleicht hormonelles Ungleichgewicht aus

Grünes Licht können Sie unbegrenzt genießen, diese Farbe wirkt so ausgleichend, dass es kein Zuviel davon geben kann. Deshalb ist auch kein Ausgleich nötig.

Grün

- ist eine allgemeine Heilfarbe;
- wirkt stabilisierend;
- ist desinfizierend und antiseptisch bei Infektionen und Entzündungen;
- reguliert ein hormonelles Ungleichgewicht.

Ein Ausgleich ist nicht nötig.

Türkis

Das wunderschöne türkise Licht vollbringt wahre Wunder. Es ist die Farbe der schönen und gesunden Haut. Jeder, der Narben von einer in der Jugend durchlittenen Akne im Gesicht hat, hätte sicherlich nichts lieber als wieder eine glatte Haut. In einem solchen Fall können Sie sich gar nicht genug mit türkisem Licht bestrahlen, Ihre Haut wird es geradezu durstig aufsaugen: Türkis sorgt nämlich dafür, dass Narben allmählich flacher werden.

Nicht nur Akne hinterlässt Narben im Gesicht, auch ein Sonnenbrand verschandelt die Haut. Meist wird nichts davon bemerkt, solange ein Mensch noch jung ist. Doch ab vierzig zeigen sich plötzlich wie über Nacht viele kleine weiße Flecken am Hals und am Dekolletee. Dann wird lange darüber nachgedacht, was das denn sein könnte, ein Ausschlag oder vielleicht gar eine Allergie? Fast immer sind es jedoch die Überbleibsel von verschiedenen Sonnenbränden in der Jugend. So wie zu viel Sonnenlicht solche Narbenflecken entstehen lässt, hilft das türkise Licht dabei, sie wieder verschwinden zu lassen. Allerdings braucht es dazu eine gewisse Zeit. Also nicht gleich ungeduldig werden, wenn sich nach ein paar Bestrahlungen noch nicht der volle Erfolg zeigt!

Eine erfolgreiche Behandlung braucht Zeit

Die Narben, die von einem Sonnenbrand herrühren, sind eher ein kosmetisches Problem und meist von harmloser Art, da sie keine Keloide (dicke Narbengeschwülste) bilden. Bei einer Verletzung, z.B. durch einen Unfall, durch splitterndes Glas oder sogar durch eine Verbrennung, sieht das ganz anders aus. Diese Narben neigen dazu, dicke, wulstige Striemen zu bilden, die man nicht mehr loswird und die einen Menschen wirklich stark belasten können, besonders wenn sie für alle sichtbar sind, wie im Gesicht, an Hals,

Armen oder am Dekolletee. Türkises Licht bringt auch hier Linderung und Heilung! Wenn stark sichtbare Narben, die schon einen Wulst gebildet haben, zum Verschwinden gebracht werden sollen, dann müssen diese intensiv behandelt werden. Je nach Schwere und Dicke der Narben muss hier stundenlang bestrahlt werden, und das mehrere Monate lang. Da türkises Licht auch beruhigend und schlaffördernd ist, empfehle ich in solchen Fällen, die ganze Nacht hindurch eine Lampe mit einem türkisen Farbfilter brennen zu lassen. Sie wird am besten am Kopfende des Bettes angebracht, um so den ganzen Körper zu erreichen.
Diese andauernde Bestrahlung mit farbigem Licht ist nur bei den Farben Türkis und Grün erlaubt! Bei allen anderen Farben kann es zu sehr unangenehmen Nebenwirkungen kommen, wenn länger als maximal (!) eine volle Stunde bestrahlt wird!
Bei einem Sonnenbrand, aber auch bei besonders schweren Verbrennungen hat Türkis die Kraft, die Schmerzen zu lindern, die brennende Rötung zu mildern, die schmerzhaft gespannte Haut zu entspannen und die Haut wieder narbenlos auszuheilen. Das Gleiche gilt für Wunden; werden sie rechtzeitig mit türkisem Licht bestrahlt, dann können sich erst gar keine Narben bilden.

Türkis sorgt für gesunde und schöne Haut

Türkis wird nicht umsonst die Schönheitsfarbe genannt, denn sie hilft nicht nur bei den oben geschilderten Hautschäden, sondern dient allgemein einer gesunden und schönen Haut. Das liegt daran, dass türkises Licht die Haut dazu anregt, wieder mehr Kollagen zu bilden. Kollagen ist ein körpereigener Stoff, den die junge Haut noch in vollem Umfang selbst produziert und daher ausreichend zur Verfügung hat. Es macht die Haut straff und rosig, sodass erst gar keine Falten entstehen können. Die alternde Haut braucht daher unbedingt Kollagen, was auch die Hersteller der Kosmetikindustrie schon längst wissen. Daher wird den Cremes für die Haut ab vierzig Kollagen beigemischt. Mit türkisem Licht wird die Haut von innen, gleichsam aus sich selbst heraus, dazu angeregt, wieder selbst genügend Kollagen zu bilden, um frisch und kräftig zu wirken. Auch Fältchen und Falten werden unter türkisem Licht zusehends gemildert.

Cellulite, das Trauma der modernen Frau, gilt seit den Siebzigerjahren, als sie erstmals von den Frauenzeitschriften thematisiert und daraufhin mehr und mehr hochgespielt wurde, als Makel. Mit Cellulite sind die dellenförmigen Fett- und Wassereinlagerungen im Gewebe gemeint, die auf Grund eines hohen Anteils weiblicher Hormone entstehen. Oberschenkel, Beine, Hüften, Gesäß und Arme können davon betroffen sein.

Cellulite hat nichts mit Übergewicht zu tun

Cellulite hat jedoch nichts mit Übergewicht zu tun, denn auch sehr schlanke Frauen haben dieses »Problem«. Früher als normal und weiblich empfunden, wird Cellulite heute als ein endloses Kampfgebiet im Schönheitswahn angesehen.

Bevor mit schweren und gefährlichen Eingriffen, wie Operationen oder Liposuktion, geliebäugelt wird, möchte ich Ihnen einige überraschende Informationen von Seiten der Endokrinologen (Hormonspezialisten) vorstellen: Frauen mit Cellulite wirken auf Grund des jung machenden Östrogens, das im Fettgewebe gespeichert wird, insgesamt viel länger jugendlich. Und Frauen mit Cellulite haben stärkere und längere Orgasmen als ihre, in dieser Hinsicht makellosen, Schwestern mit straffer Haut an Schenkeln und Gesäß!

Trotzdem können wir etwas gegen Cellulite tun, um sie ein wenig einzudämmen und die Haut wieder zu festigen: Türkises Licht, lange auf Beine, Hüften und Po gestrahlt, kann hier einiges bewirken!

Türkises Licht ist außerdem eine Wohltat für alle Menschen, die wenig Selbstbewusstsein haben. Ein Lichtbad in Türkis gibt mehr seelische Festigkeit und schenkt der betreffenden Person ein neues Selbstbewusstsein.

Türkis stärkt das Selbstbewusstsein

Wenn Sie sich etwa eine Woche lang tagtäglich mit Ihrer Schönheitsfarbe Türkis bestrahlt haben, legen Sie zwischendurch eine Behandlung mit lindgrünem Licht ein. Lindgrün gleicht ein eventuelles Zuviel an Türkis aus und regt von sich aus die Zellen zur Verjüngung an.

Türkis

- flacht Narben ab;
- verhindert die Narbenbildung;
- regt die Kollagenbildung an (strafft die Haut);
- mildert Cellulite;
- fördert das Selbstbewusstsein.

ausgleichend:
Lindgrün

Blau

Blaues Licht wirkt in erster Linie und auf allen Ebenen beruhigend und entspannend. Überall, wo sich Verspannung und krampfartiges Festhalten bemerkbar machen, wird diese strahlende Farbe gebraucht. Z.B. bewirkt blaues Licht bei einer Verkrampfung der Atemmuskulatur, auch Asthma genannt, wahre Wunder. Die Anspannung der Muskeln wird herabgesetzt, hochgezogene Schultern, die auf eine stark verspannte Halsmuskulatur hindeuten, entspannen sich und der Atem kann wieder frei fließen. Wenn die Atmung einmal

Blau lässt den Atem frei fließen

beruhigt ist, fällt das Sprechen leichter und man muss nicht mehr bei jedem Wort nach Luft schnappen.
Ein Krampfleiden kann nicht nur asthmatische Beschwerden bedeuten, es gibt auch Krampf- und Anfallsleiden, die von der zentralen Steuerung im Gehirn ausgehen, wie die Epilepsie. Epileptiker brauchen viel Blau, um die Krämpfe des zentralen Nervensystems zu beruhigen.
Auch Allergien verlangen blaues Licht. Denken wir nur an den lästigen Heuschnupfen, der nach einigen Bestrahlungen mit Blau tatsächlich verschwindet. Die gereizte Nase und die brennenden Augen beruhigen sich schnell und wir können uns wieder an dem Blühen des Frühlings erfreuen, ohne Angst haben zu müssen, wieder einen allergischen Anfall zu bekommen.

Blau mildert allergische Reaktionen

Allergische Erscheinungen auf der Haut, Ekzeme, Bläschenausschlag und sogar Schürfwunden werden durch blaues Licht gemildert. Besonders angenehm wirkt dies bei Hauterscheinungen, die stark jucken und dem Menschen keine Ruhe mehr lassen. In Stresssituationen und auch bei Wärme, z.B. im Bett, verschlimmert sich der Juckreiz, der die Betroffenen zur Verzweiflung bringen kann. Das blaue Licht bringt zuerst den geplagten und vielleicht überempfindlichen Nerven die nötige Ruhe und beruhigt dann die brennende, juckende Haut.
Wenn das gestresste Herz zu schnell schlägt und ein Mensch an Herzjagen oder hohem Puls leidet, sorgt Blau dafür, dass wieder die nötige Ruhe eintritt und sich der Herzschlag normalisiert. Doch Vorsicht, wenn Sie sich ausschließlich und sehr lange nur mit blauem Licht bestrahlen, kann sich der Herzschlag deutlich verlangsamen!
Blaues Licht wirkt ganz allgemein entspannend und schlaffördernd, daher sind überaktive und schlaflose

Kinder dankbar, wenn sie z.B. beim Spielen mit Blau bestrahlt werden.
Gleichzeitig kann Blau allerdings auch genau das Gegenteil bewirken. Die Farbe stellt sich auch auf den Menschen ein und gibt ihm, was er braucht. Daher wirkt Blau in manchen Fällen auch erfrischend und vitalisierend. Das geschieht dadurch, dass sein Licht Sauerstoff ins Gewebe und ins Blut bringt. Sauerstoff sorgt für neue Energie und macht uns frisch und widerstandsfähig gegen Infektionen, gegen Migräne und allgemeine Müdigkeit. Blaues Licht wirkt so stark, dass durch die Vitalisierung des Blutes die Regelblutung verstärkt werden kann. Also bestrahlen Sie sich nicht unmittelbar vor oder während Ihrer Periode mit dieser Farbe.

Blau vitalisiert Gewebe und Blut

Wenn Sie sich einmal zu lange blauem Licht ausgesetzt haben und beginnen zu frieren – auch das ist eine mögliche Folge von zu viel Blau – oder sehr müde zu werden, dann bestrahlen Sie sich eine Viertelstunde lang mit Orange und Ihr Energiehaushalt ist wieder ausgeglichen.

Blau

- beruhigt und entspannt;
- löst Muskelverkrampfungen;
- löst Krämpfe des zentralen Nervensystems;
- mildert Allergien;
- verlangsamt den Herzschlag;
- erfrischt und vitalisiert.

ausgleichend:
Orange

Indigo

Das warme dunkelblaue Licht hat vor allem die Eigenschaft, dass es zusammenziehend wirkt. Wenn sich im Körper Schwellungen bilden, sprechen die Mediziner von Prellungen, Abszessen, Myomen, Karzinomen oder Tumoren (das Wort »Tumor« hat in der Medizin keine rein negative Bedeutung, denn es bedeutet zunächst nichts anderes als »Schwellung«). Alles, was im Körper eine Schwellung bildet, kann durch Indigolicht wieder zusammengezogen und verkleinert werden. Zysten oder gutartige Schwellungen, wie die so genannten Myome, sprechen gut auf Indigo an und verkleinern sich während eines längeren Bestrahlungszeitraumes allmählich.

Indigo verkleinert Schwellungen

Das gilt auch für bösartige Prozesse, wie Karzinome, die mit einer Kombination von Indigo und lindgrünem Licht bestrahlt werden. Natürlich sollten bei schweren körperlichen Erkrankungen diese Lichtbestrahlungen nur zusätzlich zu anderen Therapien und Heilmethoden vorgenommen werden!

Um sich die Wirkungsweise von Indigo besser vorstellen zu können, stellen Sie sich eine stark geschwollene Prellung am Oberschenkel vor, die durch einen Sturz vom Fahrrad entstanden ist. Wenn indigoblaues Licht auf diese Stelle gestrahlt wird, geschieht Folgendes: Die innere Blutung wird gestillt und das Hämatom (der blaue Fleck) wird resorbiert, gleichzeitig sorgt Indigo dafür, dass die Schmerzen verschwinden, da es zugleich blutstillend und schmerzstillend wirkt.

Geschwollene Mandeln, an denen so viele Kinder und Jugendliche leiden, oder die Lymphschwellungen, die durch das Pfeiffersche Drüsenfieber erzeugt werden, brauchen Indigolicht. Es zieht die Schwellung zusammen, verkleinert die entzündeten Drüsen und wirkt gleichzeitig schmerzstillend und beruhigend.

Sollten Sie einmal eine Eierstock-, Blasen- oder irgendeine andere Entzündung gehabt haben, ist oft das Gewebe im Körper verschwartet und verdickt, selbst wenn Sie sonst keinerlei fühlbare Beschwerden mehr haben. Wenn Sie indigoblaues Licht auf den Bauch strahlen, löst dies Verdickungen auf. Sofort kommt die Energie wieder ins Fließen und das zeigt sich an einem rosigen und gut durchbluteten Teint! Indigo strafft die Haut und so gehen Gesundheit und Schönheit Hand in Hand.

Indigo bringt die Energie zum Fließen

Wählen Sie ab und zu die Farbe Orange, um die Behandlung zu unterstützen.

Wenn Sie unter Kopfschmerzen leiden, bringt Ihnen Indigolicht die nötige Erleichterung. Es entkrampft die verspannten Gefäße, besänftigt die Atmung und die Überaktivität. Die bei Kopfschmerz oft lichtempfindlichen Augen beruhigen sich durch diese satte Farbe und senden keine Reizsignale mehr an die Kopfnerven.

Wenn Sie sich aus Versehen mal zu intensiv mit Indigo bestrahlt haben sollten, können Sie dieses Zuviel mit Orange ausgleichen.

Indigo

- verkleinert gutartige und bösartige Schwellungen;
- wirkt blutstillend und schmerzstillend;
- lindert Kopfschmerzen;
- strafft die Haut.

ausgleichend:
Orange

Violett

Violettes Licht wirkt kühl und beruhigend. Wenn Sie wirklich einmal genug von der modernen Welt mit all ihrer Hektik, mit ihrer Schnelligkeit und ihrem Lärm haben, dann sollten Sie in violettem Licht baden. Nach einigen Minuten wird es um Sie herum stiller und das Rad der Zeit scheint sich viel langsamer zu drehen.

Die Farbe Violett beruhigt das übererregte Nervensystem und entspannt überaktive und verkrampfte Muskeln. Beinahe alle inneren Organe, außer der Milz, werden durch Violett sediert. Alles wird langsamer, der Herzschlag, die Atmung und der gesamte Stoffwechsel schalten gleichsam einen Gang zurück und kommen so wieder in einen gesunden Rhythmus.

Violett unterstützt das Immunsystem

Violettes Licht unterstützt auch das Immunsystem auf eine überraschend vielfältige Weise. Da Violett die Vernichtung von Bakterien veranlasst, werden auch quälende Fäulniszustände im Verdauungstrakt positiv beeinflusst. Die Milz ist das einzige Körperorgan, das durch violettes Licht stimuliert wird, und über die so verstärkte Arbeit der Milz werden wieder mehr Leukozyten gebildet. Dieser Mechanismus hat einen antibiotischen Effekt. Denken Sie also daran, bei allen unklaren oder schwelenden Infekten ein Bad in violettem Licht zu nehmen, um Ihren Körper zur Produktion dieser Immunstoffe anzuregen.

Da sich der gesamte Stoffwechsel unter violettem Licht verlangsamt, werden Hungergefühle gedämpft. Gerade das ist es, was die vielen Appetitzügler uns versprechen, die uns allerdings auch schaden können, indem sie den Blutdruck erhöhen, den Herzschlag beschleunigen und den gesamten Stoffwechsel durcheinander bringen. Mit violettem Licht haben Sie die Möglichkeit,

übermäßigen Hunger zu dämpfen und gleichzeitig Ihrer Gesundheit etwas wirklich Gutes zu tun.
Violett hilft Menschen, die eifersüchtig sind und ihrer Umgebung damit das Leben schwer machen. Auch schüchterne Personen profitieren von diesem Licht, denn es macht sie zufriedener und selbstsicherer, sodass sie sich eher trauen, ihre Bedürfnisse zu artikulieren und ihre guten Eigenschaften und Fähigkeiten zu zeigen. Ein Zuviel an Violett kann mit einer beliebigen warmen Farbe ausgeglichen werden.

Violett schenkt Zufriedenheit

Violett

- nimmt den Stress;
- beruhigt das Nervensystem;
- entspannt verkrampfte Muskeln;
- sediert die Organe;
- unterstützt das Immunsystem;
- zügelt den Appetit;
- führt zu mehr Ausgeglichenheit.

ausgleichend:
Alle warmen Farben

Weiß und Schwarz

Weißem Licht wird in der Esoterik eine hohe Qualität zugeschrieben. Die Menschen verbinden es mit Unschuld und absoluter Reinheit. Es ist das Licht schlechthin, ohne das wir alle nicht leben könnten. Stellen wir uns nur die dunklen Wintertage vor, die durch Abwesenheit dieses Lichts so bedrückend auf viele Menschen wirken. Ein einziger, dünner Lichtstrahl, der in einen dunklen Raum fällt, vertreibt die

Ohne weißes Licht können wir nicht leben

Depression und weckt sofort die Gefühle von Hoffnung, Energie und Lebendigkeit in uns und bringt uns wieder dem Leben näher.
Weißes Licht enthält alle Farben des gesamten Spektrums.
Im Rahmen der Lichtwellness verwenden wir weißes Licht allerdings nur dann, wenn wir Gewebe »verdichten« wollen. D.h. zur Umfangreduktion oder um Schwangerschaftsstreifen abzumildern. Weißes Licht ist nur mit einem vorgeschalteten Polfilter wirksam.

Schwarzes Licht vertreibt Depressionen und Ängste

Der Gegenspieler des weißen Lichts ist das Schwarzlicht. Obwohl schwarzes Licht ein Paradoxon ist und als Antagonist der Helligkeit gilt, bringt es uns keinesfalls Dunkelheit oder Bedrückung. Ganz im Gegenteil, wo Licht ist, entsteht auch Schatten. Und gerade diese Schatten, die in Form von Angst, Depression oder Mutlosigkeit Gestalt annehmen, hilft das schwarze Licht zu vertreiben.
Das Schwarzlicht, das wir von den Lichteffekten in Bars oder Discos kennen, lässt bei Dunkelheit weiße Kleidungsstücke und helle Flächen in einem phosphoreszierenden Blau erstrahlen.
Lichtwellness verwendet das schwarze Licht dazu, um unangenehme und beängstigende Schwingungen und negative Einflüsse in Häusern oder Wohnungen zu neutralisieren. Um das zu erreichen, besorgen Sie sich eine Glühbirne für Schwarzlicht und schrauben diese in eine kleine Klemmlampe, die am besten unauffällig an einem Bücherregal oder einem ähnlichen Möbel in etwa ein Meter achtzig Höhe angebracht wird. Dort sollte das schwarze Licht einige Tage und Nächte lang ununterbrochen brennen.
Eine Schwarzlichtbirne verströmt kein sichtbares schwarzes Licht und ist nur ganz schwach wahrzuneh-

men. Sie erhalten sie in Geschäften für Beleuchtungsbedarf.
Denken Sie an diese einfache Maßnahme, wenn Sie Ihre Wohnung von unguten Einflüssen befreien und störende Schwingungen neutralisieren möchten. Nicht nur im privaten, sondern auch im beruflichen Umfeld ist das sehr hilfreich, besonders bei Orten mit belastendem Publikumsverkehr, wie Beratungsstellen, Warteräumen in Praxen und Krankenhäusern.

Schwarzes Licht neutralisiert negative Einflüsse

Weiß

- verdichtet das Gewebe.

Schwarz

- neutralisiert negative Schwingungen.
- Weiß und Schwarz können mit allen kühlen und warmen Farben ganz nach Belieben ergänzt werden.

Purpur, Magenta und Scharlach

Die neun Farben von Rot bis Violett sind die Hauptfarben der Lichtwellness. Mit ihnen können Sie viel für Ihre Gesundheit und Ihr Wohlbefinden erreichen. Größere und kleinere Befindlichkeitsstörungen und Schönheitsprobleme werden bald gelindert, eine Besserung eingeleitet.
Dr. Dinshah Ghadiali entdeckte allerdings noch drei zusätzliche Farben, die er seinem System der neun Heilfarben hinzufügte. Es sind dies die so genannten Kreislauffarben Purpur, Magenta und Scharlach. Diese drei Farben haben eine starke Wirkung auf das Gefäß-

system und den Kreislauf. Ich empfehle daher, sie nur mit Vorsicht und sparsam im Rahmen der Lichtwellness anzuwenden.

Purpurnes Licht wirkt stark dämpfend und lässt alles langsamer werden: den Herzschlag, sogar Blutdruck und Fieber werden gesenkt. Alles, was im Körper zu schnell vor sich geht, wird in eine angenehme Geschwindigkeit gebracht. Daher ist Purpur neben Blau das beste Hilfsmittel bei Stress und überreizten Nerven. Auch wenn Sie an Schlaflosigkeit leiden, werden Sie spüren, dass purpurfarbenes Licht Sie sanft in die Ruhe hineingleiten lässt, da es sehr stark beruhigend und entspannend wirkt.

Bei nervöser Erschöpfung, der so genannten Neurasthenie, stärkt Purpur überaktive und erschöpfte Organe und bringt so dem Menschen allmählich seine Kraft zurück.

Purpur lindert Schmerzen

Auch bei Schmerzen ist Purpur hilfreich. Schmerz wird über die Nervenleitungen gesendet. Purpur unterbricht die nervlichen Überreizungen des Systems und lindert damit Schmerzen. Besonders günstig ist es bei anstehenden Arztterminen, wie z.B. bei einem Zahnarztbesuch oder einem chirurgischen Eingriff. In diesen Fällen ist es ratsam, zuvor ein Bad in purpurnem Licht zu nehmen. Dadurch wird der Körper so gestärkt, entspannt und entkrampft, dass Schmerzen erst gar nicht entstehen oder sehr viel milder ausfallen als befürchtet.

Bei schwachen und erschlafften Venen sorgt purpurnes Licht dafür, dass sie wieder gekräftigt werden. Die Venenwände werden allmählich wieder straff, und wenn Sie die Beine geduldig bestrahlen, verschwinden auch die blauen Flecken, die bei Venenschwäche entstehen können.

Bei einem Zuviel wirkt Scharlach ausgleichend.

Die Farbe Magenta ist ganz besonders schön; sie hat auch ganz besondere Eigenschaften, denn sie reguliert im Körper verschiedene Funktionen ganz genau so, wie es für den Betreffenden am besten ist. Durch magentafarbenes Licht werden Herzschlag und Blutdruck reguliert. D.h. ein zu schneller Herzschlag wird langsamer und ein zu langsamer Herzschlag wird beschleunigt. Ebenso sinkt der zu hohe Blutdruck und der zu niedrige wird angehoben.

Die Regulation dieser beiden Funktionen durch das magentafarbene Licht ist für den modernen Menschen sehr wichtig, denn eine stressreiche oder unruhige Umgebung und ein verschobener Tag-Nacht-Rhythmus, wie er heutzutage gang und gäbe ist, bringen die natürliche Ordnung von Puls und Blutdruck durcheinander. Allein ein paar Stunden in einer Disco mit Stroboskoplicht sowie stark rhythmischer und lauter Musik können das vegetative Nervensystem, das für alle nicht unserem Willen unterworfenen Funktionen des Körpers verantwortlich ist, so durcheinander bringen, dass Hilfe Not tut.

Magenta sorgt für seelische Balance

Neben dieser Regulationstätigkeit ist Magenta auch für die Seele zuständig. Magentafarbenes Licht harmonisiert unsere Gefühle, wenn sie durch heftige Gemütsbewegungen aus der Balance gebracht worden sind. Liebeskummer, Ängste, Enttäuschungen oder Misserfolge sind frustrierende, jedoch normale Begleiterscheinungen des Lebens, die nicht zu vermeiden sind. Es dient sogar unserer seelischen Gesundheit, wenn wir lernen, diese unangenehmen Gefühle zu akzeptieren und damit umzugehen. Menschen, die das nicht können, wissen sich im Fegefeuer der Gefühle oft gar nicht mehr zu helfen und werden von ihren widersprüchlichen Emotionen bedrängt und verwirrt. Hier sorgt Magenta für erste

Hilfe und bringt die durcheinander gewirbelten Gefühle wieder in Harmonie.
Auch ängstliche Personen können auf die Kraft des magentafarbenen Lichtes hoffen, denn es nimmt Ängsten ihre Bedrohlichkeit. Magenta wirkt hier wie die schützende Umarmung einer Mutter und bringt das Gefühl von Geborgenheit und Sicherheit zurück. Wenn Sie sich öfter mit Magenta bestrahlen, wird Ihre Aura aufgebaut und das körpereigene Energiefeld gestärkt.
Falls Sie einmal zu viel des Guten getan haben und durch das Magentalicht unruhig werden, dann bestrahlen Sie sich fünf Minuten lang mit Lindgrün und Sie werden sich sofort wieder wohl fühlen.

Scharlach stimuliert

Die stärkste aller Farben ist Scharlach! Dieses kräftige, tiefrote Licht wirkt allgemein stimulierend. Alles läuft auf Hochtouren: Kreislauf, Nieren und Nebennieren werden stark angeregt und die allgemeine Durchblutung wird erheblich gesteigert. Scharlach brauchen vor allem erschöpfte, geschwächte und müde Menschen, um wieder in Schwung zu kommen. Verwenden Sie es jedoch nicht, um sich Ruhepausen und den nötigen Schlaf zu ersparen und so ohne Unterbrechung fit zu sein! Sie sollten außerdem die Zeit, die Sie unter Scharlachlicht liegen, auf maximal eine halbe Stunde beschränken.
Aus den gerade beschriebenen Eigenschaften des Scharlachlichtes erklärt es sich ganz von selbst, dass dieses Licht nicht geeignet ist für Menschen, die einen zu hohen Blutdruck haben, die unruhig sind oder an Hitzewallungen und Schweißausbrüchen leiden.
Ein Zuviel an Scharlach können Sie mit Purpur ausgleichen.

Purpur

- verlangsamt die Organfunktionen;
- stärkt erschöpfte Organe;
- lindert Schmerzen;
- kräftigt die Venen.

ausgleichend:
Scharlach

Magenta

- reguliert Herzschlag und Blutdruck;
- harmonisiert die Gefühle;
- befreit von Ängsten.

ausgleichend:
Lindgrün

Scharlach

- wirkt anregend auf Kreislauf, Nieren und Durchblutung.

ausgleichend:
Purpur

Lichtwellness – äußere Anwendungen

Lichtwellness von außen gehört zu den einfachsten und angenehmsten Methoden, etwas für Schönheit und Wohlbefinden zu tun. Wir alle brauchen jeden Tag auch etwas Entspannung und eine gewisse Zeit, in der wir nicht gestört werden – die nur uns ganz allein gehört. Mit Licht und Farbe wird diese Auszeit in vielerlei Hinsicht wertvoller. Denn Körper und Seele werden einheitlich mit den Schwingungen versorgt, die sie gerade am dringendsten brauchen, um sich regenerieren zu können. Dass wir uns dabei nicht nur entspannen und erholen, sondern sogar etwas für Schönheit und Gesundheit tun können, macht Lichtwellness zu einem echten Lichtblick im Alltag.

Körper und Seele regenerieren

Gesichtsentspannung

Unser Gesichtsausdruck ist wie eine Visitenkarte. Ist er nervös, verkrampft oder gar verbissen, dann wirken wir unangenehm und hektisch auf unsere Mitmenschen und haben vielleicht nicht den Erfolg oder die Akzeptanz, die wir uns von ihnen wünschen.
Als Kinder hatten wir alle ein fröhliches, glattes Gesicht. Doch sicher haben auch Sie schon Menschen getroffen, die auch in fortgeschrittenem Alter einen strahlenden, jugendlichen und beinahe kindlichen Gesichtsausdruck hatten. Auf der psychischen Ebene kommt das daher, dass sie Ärger und Groll nicht erlauben, sich allzu tief in ihrer Seele einzunisten. Sie ärgern

sich nur eine kurze Zeit lang, nämlich dann, wenn es einen aktuellen Anlass dazu gibt. Diese Gefühlsaufwallung ist damit jedoch vorbei und sie kehren wieder zu ihrem inneren Frieden zurück.
Negative Gefühle stehen im Widerspruch zu Schönheit und positiver Ausstrahlung. Wenn Sie solche Gefühle wie Neid, Missgunst, Groll und Ärger zu häufig und zu lange zulassen, dann macht sich das auch in Ihrem Äußeren bemerkbar. Ressentiments sind verboten, wenn Sie wirklich frisch und entspannt aussehen möchten!

Lichtwellness verleiht eine sympathische Erscheinung

Lichtwellness kann dazu beitragen, einen entspannten und freundlichen Gesichtsausdruck zu bekommen, mit dem wir uns selbst wohl fühlen und der auch auf andere sympathisch wirkt.
Die Farbe **Orange** spielt dabei eine wichtige Rolle. Ein Bad in orangem Licht entspannt und entkrampft unsere Züge und macht die Gesichtsmuskulatur wieder geschmeidig.
Einige Menschen leiden jedoch nicht an emotionalen Anspannungen, sondern sind aus verschiedenen Gründen, die von außen kommen, so gestresst, dass ihr Nervensystem völlig verkrampft reagiert. Natürlich hat dann auch das Gesicht keinen entspannten, sondern einen gehetzten Ausdruck. Hier wirkt die Farbe Orange eher ungünstig, denn sie macht Menschen mit dieser Disposition noch unruhiger und nervöser. Nehmen Sie ein Lichtbad in blauem oder grünem Licht, wenn das oben Geschilderte auf Sie zutrifft. **Grün** oder **Blau** sind eine wahre Beruhigung für das gestresste Nervensystem.
Bei verkrampften Gesichtszügen sind auch die Augen überanstrengt, verkniffen oder müde. Nehmen Sie bei Augenanspannung ein Bad in **grünem Licht**. Es ist nicht notwendig, die Augen währenddessen geöffnet zu hal-

ten. Das Licht dringt durch die geschlossenen Lider in die Augen ein; es stärkt sie und führt ihnen neue Kraft und Ruhe zu. Sie werden anschließend bemerken, dass Ihre Augen größer und strahlender geworden sind. Und das wirkt sich sehr vorteilhaft auf Ihren gesamten Gesichtsausdruck aus. Wenn Sie ein grünes Lichtbad über einen längeren Zeitraum genießen, werden Sie außerdem nicht nur besser aussehen, sondern auch besser sehen können.

Gutes (Aus-) Sehen dank grünem Licht

Auch **türkises Licht** wirkt entspannend und erfrischend. Wenn Sie also gehetzt und müde oder aufgeregt sind, bestrahlen Sie sich mit dieser kühlen Farbe. Türkises Licht wirkt zerebral beruhigend, d.h. durch die zentrale Steuerung wird das Nervensystem entspannt und gekräftigt. Mit diesem Vorgang hängen zahlreiche andere Funktionen des Stoffwechsels zusammen, die alle der körperlichen und seelischen Lösung von Anspannungen dienen. Besonders Spannungsgefühle oder Schmerzen des Kopfes sprechen gut und schnell auf türkises Licht an.

Gesichtsentspannung

Entspannt und entkrampft die Gesichtsmuskulatur

- Das Gesicht eine halbe Stunde täglich mit Orange bestrahlen.

Beruhigt das gestresste Nervensystem

- Gesicht und Oberkörper zwischen dreißig und sechzig Minuten täglich mit Grün oder Blau bestrahlen.

Löst Augenverspannungen
- Das Gesicht eine halbe Stunde täglich mit Grün bestrahlen.

Entspannt und erfrischt, z.B. bei Kopfschmerzen
- Den Kopf dreißig bis sechzig Minuten täglich mit Türkis bestrahlen.
- Nach drei Wochen legen Sie eine Woche Pause ein. Führen Sie die Bestrahlung so lange fort, bis Sie das gewünschte Ergebnis haben.

Die Klärung unreiner Haut

Grün regt das Hormonsystem an und befreit von Pickeln und Hautunreinheiten

Die Verschönerung der Haut ist ein besonders wichtiges Thema, das uns beschäftigt. Beginnen wir mit den Schönheitsproblemen der jüngeren Menschen, die unter unreiner Haut und Pickeln leiden. Fast immer verhilft **grünes Licht** zu einem verbesserten Hautbild. Das hat verschiedene Gründe: In der Jugend entstehen diese Pickel durch ein Ungleichgewicht des hormonellen Systems, das sich erst richtig einjustieren muss, um perfekt funktionieren zu können. Die bekannten Stimmungsschwankungen in der Pubertät sind ebenfalls ein Beispiel für den hormonellen Umbruch. Grünes Licht stimuliert die Hypophyse, eine hormonelle Drüse des Gehirns, und regt damit das gesamte Hormonsystem an. Schon alleine diese Eigenschaft des grünen Lichts würde ausreichen, um eine juvenile Akne zu verbessern. Doch Grün hat noch andere hilfreiche Eigenschaften: Es wirkt antiseptisch und desinfizierend und zerstört Mikroorganismen, wie Keime und Bakterien. Dieser Wirkmechanismus ist besonders wichtig, um die Pusteln und Eiterpickel zur Abheilung zu bringen. Grün

sorgt auch dafür, dass sich aufgekratzte Pickel nicht infizieren und verbreiten können.
Bei starker Akne, wenn deutliche Hautvereiterungen sichtbar sind, sollten Sie eine Kombination von **grünem**, **orangem** und **blauem Licht** versuchen. Oranges Licht zieht den Eiter aus den Pusteln heraus, sie öffnen sich dann meist von selbst oder lassen sich leichter öffnen. Durch die Bestrahlung mit Orange werden altes Gewebe und störende Stoffwechselprodukte abgebaut. Gleichzeitig fördert dieses Licht aber auch die Bildung von neuem, gesundem Gewebe der Haut. Es arbeitet also in dreifacher Hinsicht für eine frische Haut. Bei heftigen Entzündungsherden werden allerdings noch zusätzliche Bestrahlungen mit blauem Licht benötigt, damit die Entzündungserscheinungen schneller abklingen. Blaues Licht wirkt auch gegen Bakterien und Hautreizungen.

Orange fördert die Bildung von gesundem Gewebe

Klärung unreiner Haut

Verbessert das Hautbild

- Gesicht und Oberkörper dreißig Minuten täglich mit Grün bestrahlen.

Wirkt bei starker Akne

- Kombination aus Grün, Orange und Blau;
- Gesicht und Oberkörper dreißig Minuten täglich bestrahlen.

- Nach drei Wochen legen Sie eine Woche Pause ein. Führen Sie die Bestrahlung so lange fort, bis Sie das gewünschte Ergebnis erreicht haben.

Hautverjüngung

Die Verjüngung der Haut ist *das* ganz große Thema der Kosmetikfirmen. Cremes, Lotionen oder Masken, auf die Haut aufgetragen, versprechen viel: Falten sollen verschwinden, schlaffe Haut wieder straff werden und ein müder Teint wieder strahlen. In gewissem Rahmen ist das auch sicher möglich und eine sorgfältig gepflegte Haut wirkt gewiss jünger als eine vernachlässigte. Ich sage »in einem gewissen Rahmen«, da sich leider nicht alles mit Cremes erreichen lässt, denn bei der Beschaffenheit der Haut spielen an erster Stelle genetische Anlagen eine Rolle. Unumstritten ist jedoch auch, dass Rauchen, zu viel Alkohol und zu wenig Schlaf einen ganz und gar schlechten Einfluss auf die Haut haben. Das gilt in verstärktem Maße für Menschen, die nicht mehr ganz jung sind. Je älter ein Mensch ist und je mehr seine Haut schädigenden Einflüssen ausgesetzt war, desto mehr sieht man das seiner Gesichtshaut an. Eine junge Haut verkraftet nämlich manches, was eine ältere nicht mehr kann, da in ihr die natürlichen Regenerationsprozesse verlangsamt ablaufen.

Schlechte Angewohnheiten sieht man der Haut an

Die unschönen Folgen sind leider den Frauen eher als den Männern anzusehen. Alkohol trocknet die Haut aus und lässt viele kleine Falten, vor allem um die Augen herum entstehen. Besonders schlimm wird es, wenn Sie im Spiegel bereits deutliche Tränensäcke unter den Augen erblicken. Spätestens dann heißt es, eine Pause vom geliebten Prosecco oder Rotwein einzulegen, und zwar so lange, bis die Schwellungen unter den Augen wieder zurückgegangen sind. Doch Vorsicht: Nicht alle Tränensäcke kommen von Hochprozentigem, es gibt auch Menschen, die einfach genetisch eine Veranlagung dazu haben.

Nikotin bewirkt auf Dauer eine Gerbung der Haut, d.h. die Haut wird ledriger, derber, trockener und faltiger. Auffallend bei langjährigen Raucherinnen ist vor allem die Feuchtigkeitsarmut der Gesichtshaut. Nikotin verengt die Gefäße, dadurch wirkt der Teint weniger frisch, und im Laufe der Zeit entsteht eine fade, graubraune Gesichtsfarbe. Wenn Sie also Alkohol reduzieren und Nikotin ganz aufgeben, tun Sie Ihrer Schönheit wirklich etwas Gutes, von den wohltuenden Folgen für Ihre Gesundheit einmal ganz abgesehen.

Ein weiterer Faktor, der die Haut schädigen kann, ist das Sonnenlicht. Haben Sie sich schon einmal gefragt, weshalb die Haut an den Körperteilen, die nicht ständig dem Licht ausgesetzt sind, so viel jünger und glatter erscheint als im Gesicht, am Hals und an den Händen? Das liegt in erster Linie daran, dass zuletzt genannte Körperpartien dem Sonnenlicht täglich ausgesetzt sind und damit auch den UV-Strahlen, die von ihm ausgehen. Auch bei bedecktem Himmel, wenn wir die Sonne gar nicht sehen, werden UV-Strahlen frei und wirken schädlich auf die Haut ein.

Übermäßige Sonnenbestrahlung beschleunigt die Hautalterung

Die meisten Menschen denken zunächst nicht daran, dass bei jeder übermäßigen Sonnenbestrahlung Hautzellen absterben und zugrunde gehen. Erst wenn sie älter werden, bemerken sie die scharfen Krähenfüße um die Augen herum, die tiefen Falten am Hals und ein trockenes, teilweise sogar vernarbtes Dekolletee, alles Zeichen einer übertriebenen Hautalterung infolge von zu viel UV-Licht. Besonders gefürchtet sind bei Frauen die unzähligen winzigen Fältchen am Ausschnitt, die das Dekolletee sozusagen wie »plissiert« erscheinen lassen. Ungerechterweise betrifft dieses Schönheitsproblem vorrangig die Frauen. Männer haben einfach eine andere Haut, d.h. der Aufbau der Haut ist kräftiger und kann solche Schäden leichter verarbeiten. Natür-

lich gilt das nur bis zu einem gewissen Grad und exzessive Sonnenbestrahlung tut weder Mann noch Frau gut, sondern ist wirklich ausgesprochen schädlich!
Auch wenn dies ein Buch ist, in dem das Wohlbefinden und die Gesundheit thematisiert und gefördert werden, muss ich aus immer noch aktuellem Anlass vor zu viel Sonnenbestrahlung warnen. Obwohl mittlerweile in den Medien aus gutem Grund häufig über die Schädlichkeit des langen Sonnenbadens berichtet wird, scheint das nur einen kleinen Teil der Bevölkerung zu erreichen. Das Ideal, möglichst braun zu sein, führt noch immer dazu, dass stundenlang in der Sonne geschmort wird. Von den Gefahren für das Gefäßsystem und den Kreislauf durch Hitze und Sonne möchte ich hier gar nicht sprechen. Die gefährlichsten Erkrankungen durch zu viel UV-Licht sind die Krebserkrankungen der Haut, vor allem das gefürchtete Melanom, das besonders bei Menschen mit hellerer Haut auftreten kann. Diese Erkrankung schreitet sehr schnell voran und ist nur schwer zu behandeln.

Vorbeugen ist einfacher als heilen

Es ist natürlich viel, viel schwieriger und langwieriger, eine stark geschädigte Haut wieder in Ordnung zu bringen – falls das überhaupt noch möglich ist –, als es überhaupt erst so weit kommen zu lassen. Mit Lichtwellness haben wir jedoch ein wunderbares Hilfsmittel zur Hand, das jede Gesichtspflege intensiviert und die Haut durch die verschiedensten anregenden Reize positiv beeinflusst.
Das Verjüngungsmittel schlechthin ist **lindgrünes Licht**! Dieses Licht tut so viel für die Jugend und Schönheit der Haut, dass es ganz und gar erstaunlich ist. Lindgrünes Licht enthält die Schwingungen von neunzehn Mineralien und überträgt die Eigenschaften und Fähigkeiten all dieser Mineralien, sodass sie an den Körperzellen wirken können. Dadurch werden an den Haut-

zellen die nötigen Reparaturen vorgenommen, und daher ist es ein Muss bei einer vorgeschädigten Haut. Doch auch wenn Sie Ihre Haut möglichst lange jung halten oder eine normal gealterte Haut wieder erfrischen möchten, ist Lindgrün die Farbe, die Sie immer begleitet!

Lindgrünes Licht wirkt nicht nur reparierend und nährend auf die Hautzellen, es bringt auch wieder Feuchtigkeit in eine zu trockene Haut. Darüber hinaus regt es den gesamten Stoffwechsel, d.h. alle Körperzellen, dazu an, die Mineralien aus der täglichen Nahrung besser aufzunehmen und zu verwerten. Das allein wirkt schon stark verjüngend – wie eine Art Kosmetik von innen. Da Lindgrün auch eine träge Verdauung anregt, trägt es dazu bei, dass gestaute Abfallstoffe schneller ausgeschieden werden. Mögliche Gifte, die sich im Laufe der Jahre im Körper angesammelt haben, werden ebenfalls mit seiner Hilfe ausgeschieden. Dies geschieht meistens über die Haut und kann sich anhand von vorübergehenden Hautunreinheiten oder unangenehmem Körpergeruch bemerkbar machen. Meist sind diese Begleiterscheinungen nicht von langer Dauer, sie zeigen Ihnen nur, wie stark dieses Licht in Ihnen wirkt! Trinken Sie viel Wasser oder Kräutertee, wenn sie bei Ihnen auftreten sollten.

Lindgrünes Licht sorgt für optimale Feuchtigkeit der Haut

Da lindgrünes Licht auch das Gehirn anregt, wirken die meisten Menschen nach einigen Bestrahlungen geistig viel frischer – und dadurch wesentlich jünger. Es scheint so, als würden die Spontaneität und Lebhaftigkeit der Jugend allmählich wieder zurückkehren. Ein älterer Mensch, der trotz seines Alters noch Feuer in den Augen hat, wirkt immer lebendig und jugendlich!

An zweiter Stelle empfehle ich **Orange** zur Hautverjüngung, denn auch dieses Licht ist dazu in der Lage, altes Gewebe abzubauen. Mit zunehmendem Alter – je nach Beschaffenheit der Haut schon ab fünfundzwanzig Jahren – verhornen die oberen Hautschichten mehr und mehr. Sie sind dadurch nur noch begrenzt funktionsfähig und können die Pflegeprodukte nicht mehr ausreichend aufnehmen. Im Extremfall kann es sogar so weit kommen, dass eine teure Hautcreme nicht mehr in die Haut einzieht, sondern wie ein Belag an der Oberfläche liegen bleibt. Die Kosmetikerin rät dann dazu, die verhornten Hautschichten abzuschleifen, damit die tiefere Hautschicht wieder atmen kann. Eine solche kosmetische Behandlung können Sie dadurch unterstützen, dass Sie ein Lichtbad in Orange nehmen.

Jugendliches Aussehen durch oranges Licht

Gleichzeitig fördert Orange auch die Neubildung von Hautzellen und trägt somit zu einem jugendlichen Erscheinungsbild bei.

Oranges Licht hat auch noch eine andere, wichtige Eigenschaft, die über das hormonelle System zur Verjüngung der Haut beiträgt. Es wirkt nämlich anregend auf die Funktion der Schilddrüse. Bei einer Unterfunktion der Schilddrüse leidet nicht nur die Gesundheit, sondern auch die Schönheit. Die Haut wird grau, fahl und dünn. Sie hat keinen frischen Glanz mehr, sondern sieht müde aus. Auch die Haare verändern sich bei dieser Gesundheitsstörung, sie werden dünn und mausfarben. Die Frisur hält überhaupt nicht mehr und selbst ein guter Haarschnitt hat nicht die nötige Kraft, um Sie gut aussehen zu lassen. Zu guter Letzt fallen auch noch die Augenbrauenhaare aus oder werden zumindest sehr dünn. Die Betroffenen fühlen sich müde und erschöpft.

Oranges Licht regt die Schilddrüse an. Wenn Sie sich geduldig damit bestrahlen, nimmt die Schilddrüse allmählich wieder ihre normalen Funktionen auf. Selbst wenn eine vollständige Heilung nicht möglich sein

sollte, danken es Ihnen Haut und Haare, da Orange die Bildung von Kalzium im Körper anregt, das bei einer Schilddrüsenstörung verringert sein kann. Es ist ganz erstaunlich, wie kräftig die Haare werden können, wenn ihnen Kalzium zugeführt wird. Eine flotte Frisur lässt ein Gesicht immer besser und jünger aussehen.
Auch Ihre Stimmung wird durch Orange verbessert, denn dieses Farblicht macht lebhaft. Und das macht sich wiederum in einem strahlenden, jungen Aussehen bemerkbar.
Als Letztes möchte ich **türkises Licht** empfehlen, wenn es um die Verjüngung und Verschönerung der Haut geht. Bestrahlen Sie sich mit Türkis, wenn die Spannkraft Ihrer Haut nachlässt. Das ist der Fall, wenn die Konturen Ihres Gesichtes weicher werden und drohen zu verschwimmen: Die Mundwinkel sind nicht mehr fest, sondern sacken nach unten, ebenso werden die Wangen flacher und hängen neben dem Kinn etwas nach unten, sogar die Nasenspitze kann erschlaffen und sich verlängern. Das alles kommt daher, dass das Kollagen nicht mehr in gewünschtem Maße vom Körper selbst gebildet wird. Kollagen ist ein körpereigener Stoff, der dazu dient, unser Gewebe abzupolstern. Daher ist es natürlich besonders wichtig für die Schönheit Ihres Gesichtes, dass genug Kollagen vorhanden ist. Dies gilt natürlich auch für den gesamten Bewegungsapparat, da es die Knochen und Gelenke abpuffert und so geschmeidige, schmerzfreie Bewegungen erlaubt.

Mehr Spannkraft durch Türkis

Türkises Licht erfrischt und beruhigt den ganzen Körper, es unterstützt die Bildung von Kollagen und wirkt daher verjüngend auf das Gewebe und sorgt für eine kräftige, straffe Haut.

Hautverjüngung

Repariert und nährt die Hautzellen

- Gesicht und Oberkörper täglich dreißig Minuten mit Lindgrün bestrahlen;

oder

- Gesicht und Oberkörper täglich dreißig Minuten mit Orange bestrahlen.

Regt den Stoffwechsel und die Verdauung an (entgiftend)

- Gesicht und Oberkörper täglich dreißig Minuten mit Lindgrün bestrahlen.

Fördert die Neubildung der Hautzellen

- Gesicht und Oberkörper täglich dreißig Minuten mit Orange bestrahlen.

Regt die Funktion der Schilddrüse an

- Gesicht und Oberkörper täglich dreißig Minuten mit Orange bestrahlen.

Strafft und kräftigt die Haut

- Gesicht und Oberkörper täglich dreißig Minuten mit Türkis bestrahlen.

- Nach drei Wochen legen Sie eine Woche Pause ein. Führen Sie die Bestrahlung so lange fort, bis das gewünschte Ergebnis eintritt.

Milderung von Narben

Falls Sie unter Narben leiden sollten, sei es von einer Akne, einem Sonnenbrand, einer Verletzung oder Operation, ist ebenfalls **Türkis** das Licht Ihrer Wahl. Da

Narben jedoch eine starke Veränderung der natürlichen Hautstruktur darstellen, brauchen Sie eine gute Portion Geduld, um den Schaden wieder gutzumachen. Die Behandlung erfordert viel Zeit. Ihre Haut braucht stundenlang türkises Licht, um sich zu regenerieren und den Kollagenaufbau voranzutreiben. Letztlich stellt der Faktor Zeit allerdings kein so großes Problem dar, denn Sie können sich bestrahlen, während Sie am Schreibtisch sitzen, während Sie lesen und sogar während Sie schlafen.

Milderung von Narben

- Bestrahlen Sie die betroffene Stelle solange Sie möchten mit Türkis.
- Nach drei Wochen legen Sie eine Woche Pause ein. Führen Sie die Bestrahlung so lange fort, bis das gewünschte Ergebnis eintritt.

Figurforming

Schlank zu sein oder zumindest eine wohlgeformte Figur zu haben, ist ein weit verbreiteter Wunsch. Man sollte sich seine Ziele allerdings im Rahmen der tatsächlichen Möglichkeiten setzen. Unter diesem Vorzeichen können Sie ganz Erstaunliches für Ihr äußeres Erscheinungsbild tun und werden mehr Freude an Ihrer Figur haben. Lichtwellness stellt keinen riskanten Eingriff in das Körpersystem dar, wie z.B. Liposuktion oder andere mehr oder weniger operative Techniken der plastischen Chirurgie. Leider wird in den Medien und besonders in der Werbung nicht genügend darauf hingewiesen, dass Eingriffe um der Schönheit willen dasselbe Risiko wie jede andere Operation beinhalten.

Auf gesundem Wege zu mehr Freude an der Figur

Dazu gehört die Gefahr von Kreislaufversagen und Embolien, unschönen, verdickten Narben oder einem ungleichmäßigen Ergebnis. Eine Operation ist riskant und nicht mit dem Besuch in einem Kosmetiksalon gleichzusetzen!

Lichtwellness hingegen bietet eine wunderbare und gefahrlose Alternative bei Schönheitsproblemen. Das Einzige, was Sie dazu benötigen, ist neben den passenden Farbfolien die nötige Zeit, ein wenig Geduld und Fingerspitzengefühl. Während die Behandlung Ihr Gewebe sichtbar festigt, werden Sie fröhlicher und frischer, denn all diese Anwendungen mit farbigem Licht tun gleichzeitig auch immer etwas Gutes für Ihre Gesundheit.

Der persönliche Figurcode kann nur verbessert, jedoch nie ganz verändert werden

Um keine unerfüllbaren Hoffnungen zu wecken, die nur zu Enttäuschungen führen, möchte ich hier ganz deutlich sagen, dass der persönliche genetische »Figurcode« zwar deutlich verbessert, jedoch nie ganz verändert werden kann. Das heißt, wenn Sie, wie auch schon Ihre Mutter oder Großmutter, eine eher füllige Figur haben, dann werden Sie nie sehnig und gertenschlank sein, außer Sie werden ernstlich krank. Der genetische Code wird Sie immer wieder zu Ihrem ursprünglichen Muster zurückführen. Lichtwellness und andere Methoden können alle »nur« eines: Ihnen die optimalste Figur innerhalb dieses Spielraums zu ermöglichen! Das ist schon viel, denn es macht einen großen Unterschied, ob Sie eine vollschlanke Person sind, aber eine deutliche Taille, einen straffen Busen und festes Gewebe haben.

Ich möchte außerdem darauf hinweisen, dass nicht alles bei allen gleich wirkt. Der Stoffwechsel eines jeden Menschen ist verschieden, die individuellen Prozesse laufen bei jedem in unterschiedlicher Geschwindigkeit ab, und so sind die Reaktionen auf ein und dieselbe Behandlung stets unterschiedlich. Manche reagieren so schnell, dass eine einzige Lichtwellness-Anwendung deutliche Ergebnisse zeigt, andere müssen länger auf den gewünschten Erfolg warten. Der eine Patient reagiert besonders schnell und geradezu wunderbar auf seine Therapie, während der andere mit denselben Beschwerden nach der dritten Behandlung nur eine kleine oder gar keine Besserung erlebt. So etwas ist ganz normal!

Seien Sie also nicht ungeduldig, sondern geben Sie Ihrem Körper die Zeit, die er braucht, um optimal zu reagieren!

Um den Körperumfang zu verdichten und so eine Gewichtsreduzierung zu erreichen, arbeiten wir mit verschiedenen Farben und legen einen Polfilter vor die jeweils benötigte Farbfolie. Das geschieht deshalb, damit das Licht tiefer in die Körperzellen eindringen und so eine stärkere Wirkung erzeugen kann. Jeder Bestrahlungsschritt dauert nur ein bis maximal zwei Minuten, für die gesamte Behandlung brauchen Sie etwa dreißig Minuten. Lichtwellness wird immer von links nach rechts durchgeführt, d.h. Sie beginnen – ob nun an Bauch, Brust oder Rücken – mit der Bestrahlung immer am linken Teil des Körpers. Dies hat seinen Grund in den fernöstlichen Lehren der Körperenergetik. Die Chinesen entdeckten vor über dreitausend Jahren, dass der menschliche Körper von einem unsichtbaren Kanalsystem für die biologische Lebensenergie durchzogen wird. Diese Kanäle werden in der chinesischen Medizin Leitbahnen oder Meridiane genannt. Sie sorgen dafür, dass Leber, Herz, Magen, Lunge und Nieren mit nährender Energie versorgt werden und dass die verbrauchte und schädliche Energie abtransportiert und entsorgt wird. Stauungen oder Unterbrechungen in diesem ausgeklügelten Transportsystem

Lichtwellness wird immer von links nach rechts durchgeführt

Die linke Körperseite nimmt die Energie auf, die rechte lenkt sie an die richtige Stelle

führen, wenn nicht rechtzeitig behandelt, erst zu Gesundheitsstörungen und dann schließlich zu Krankheit. Die alten chinesischen Ärzte erkannten, dass die linke Körperseite rezeptiv ist, d.h. sie nimmt die zugeführte Energie auf. Die rechte Körperseite gilt als strukturierend, sie ordnet die Energie und lenkt sie an die Orte, die sie am meisten benötigen. Die linke Seite ist wie ein voller Suppentopf und die rechte fungiert als Kochlöffel, der alle Zutaten miteinander vermischt.
Daher ist es wirksamer, die Bestrahlungen an der linken Körperseite zu beginnen und dann nach rechts überzugehen.
Lesen Sie sich die folgende Anleitung in Ruhe durch, bevor Sie mit der Anwendung beginnen.

Regeln zur Reduktion des Körpergewichts

- Benutzen Sie einen Polfilter oder ein Bionic BI-Light-Gerät, sonst ist die Behandlung nicht wirksam.
- Die einzelnen Körperteile jeweils maximal eine Minute bestrahlen.
- Bei paariger Bestrahlung (Nieren, Schilddrüse) jede Seite eine Minute lang bestrahlen.
- Arbeiten Sie immer von links nach rechts.
- Bestrahlen Sie sich über einen Zeitraum von acht Wochen zweimal die Woche.

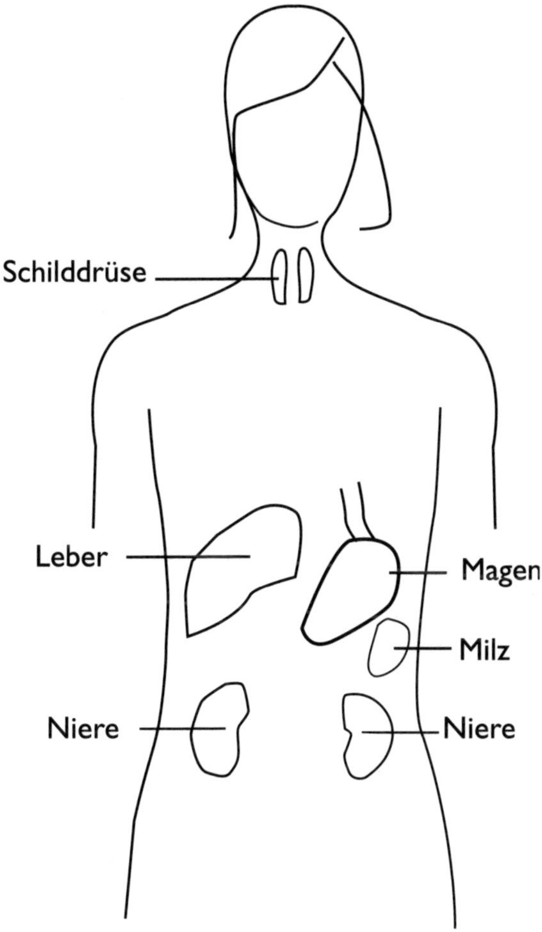

Organe, die bei der Vorbehandlung bestrahlt werden

Die Vorbehandlung

- Lassen Sie zuerst rotes Licht auf die Milz im linken Oberbauch strahlen.
- Dann bestrahlen Sie die Nieren von links nach rechts ebenfalls mit rotem Licht.
- Bestrahlen Sie die Leber im rechten Oberbauch mit Blau.
- Bestrahlen Sie den Unterbauch von links nach rechts mit Grün.
- Bestrahlen Sie zuerst den unteren Teil des Gesäßes und anschließend das gesamte Gesäß mit Rot.
- Jetzt werden die Leisten mit rotem Licht bestrahlt.
- Bestrahlen Sie Ihre Augen mit Ihrer Ausgleichsfarbe, die durch den kinesiologischen Test, der im Folgenden beschrieben ist, ermittelt wird.
- Anschließend leuchten Sie mit Rot auf die Schilddrüse.

Mit dem folgenden kinesiologischen Test ermitteln Sie die Farbe, die für die Bestrahlung Ihrer Augen optimal geeignet ist. Dazu brauchen Sie eine Person, die diesen Test mit Ihnen durchführt:

Kinesiologischer Test

- Ihr Helfer nimmt die Farbfilter Rot, Orange, Gelb, Grün, Blau und Violett zur Hand und hält Ihnen nacheinander je eine Farbe vor die geöffneten Augen.
- Bei jeder einzelnen Farbe versucht der Helfer, Ihren ausgestreckten freien Arm herabzudrücken.
- Sie sollten versuchen, dem Druck auf Ihr Handgelenk zu widerstehen, allerdings ohne allzu große Kraftanstrengung. Das Ganze sollte nicht in ein Gerangel oder Kräftemessen ausarten.
- Sie werden feststellen, dass einige Farben den Arm schwach werden lassen. Die Farbe, bei der Sie einen starken Armmuskel aufweisen, ist genau die Farbe, die Sie für Ihre Augenbestrahlung brauchen.

Diese Vorbehandlung bestimmter Körperzonen mit verschiedenen Farben soll den gesamten Stoffwechsel anregen und die Gewichtsreduktion einleiten. Sie empfiehlt sich unbedingt, wenn Sie das gewünschte Ergebnis und Ihre Zielfigur erreichen wollen. Erst anschließend erfolgt die eigentliche Behandlung.

Die Bestrahlung zum Formen der Figur

- Befestigen Sie einen Polarisationsfilter an Ihrer Lampe.
- Scannen Sie nun abschnittsweise alle Körperstellen, die Sie reduzieren und festigen wollen.
- Verweilen Sie etwa zwei Minuten lang auf jeder Stelle.

Nehmen Sie ausreichend Flüssigkeit zu sich

Nach einer solchen Lichtwellness-Behandlung ist es sehr wichtig, dass Sie ausreichend trinken. Am besten Wasser oder einen milden Kräutertee, um die Ausscheidungsvorgänge, die durch das Licht angeregt wurden, wirksam zu unterstützen! Bitte beachten Sie, dass Kaffee, schwarzer Tee, Milch oder Alkohol keine Getränke, sondern Genussmittel sind!

Gelegentlich zeigt eine einzige Behandlung schon einen deutlichen Erfolg. Es ist empfehlenswert, sich zweimal pro Woche zu bestrahlen, etwa acht Wochen lang. Um das Ergebnis zu halten, können Sie sich ganz nach Ihrem eigenen Befinden alle zwei Wochen oder einmal im Monat bestrahlen.

Wenn Sie ein paar Mal geübt haben, wird Ihnen der genaue Ablauf und die richtige Reihenfolge der Farben so vertraut sein, dass Sie nicht mehr nachdenken müssen, welche Farbe und welche Körperzone jetzt gerade drankommen.

Ein Wort noch zum richtigen Ablauf dieser wirkungsvollen Lichtwellness-Behandlung. Immer wieder werde ich von Patienten gefragt, ob man die Behandlung nicht vereinfachen könnte, indem man zuerst alle Punkte der Körpervorderseite und anschließend alle Zonen der

Körperrückseite bestrahlt. Dieser Einwand ist verständlich und würde tatsächlich eine größere Bequemlichkeit gewährleisten, jedoch keine Verbesserung herbeiführen. Die Reihenfolge ist nämlich auf die energetischen Zusammenhänge im Körper und den einzelnen Körpersystemen abgestimmt. Daher beginnt die Lichtwellness-Behandlung zum Abnehmen mit der Bestrahlung der Milz. Der Funktionskreis Milz und Magen ist mit der Aufnahme und Verwertung der Nahrung beschäftigt. Die Anregung der Milz ist besonders wichtig, da eine Schwäche dieses Organs Stauungen im Körper verursachen kann – und Stauungen lassen eine Person dicker erscheinen, als sie in Wirklichkeit ist. Als Nächstes wird die Entwässerung über Blase und Nieren angeregt. All diese wichtigen Organsysteme für Verarbeitung, Ausscheidung und Stoffwechsel werden durch die gezielte Lichtbestrahlung angesprochen und stimuliert. Sie tun sich also nichts Gutes, wenn Sie den Ablauf um der Bequemlichkeit willen abändern, im Gegenteil, Sie verhindern, dass das farbige Licht in Ihrem Körper etwas Positives im Hinblick auf Ihre schlanke Linie erreichen kann.

Bruststraffung

Das Dekolletee braucht besonders viel Pflege

Die Pflege des Dekolletees und des Busens wird von vielen Frauen vernachlässigt. Besonders das Dekolletee wird über die Jahre hinweg der Sonne ausgesetzt, ohne entsprechend gepflegt zu werden. Das fällt leider immer erst dann auf, wenn sich schon ernste Schwachstellen, wie Fältchen oder Sonnenbrandnarben oder einfach eine zu ausgetrocknete Haut, zeigen. Auch diese Schönheitsfehler können durch geduldige Lichtwellness-Behandlungen verbessert werden.

Regeln zur Straffung der Brust

- Benutzen Sie einen Polfilter oder ein Bionic BI-Light-Gerät, sonst ist die Behandlung nicht wirksam.
- Bestrahlen Sie sich über einen Zeitraum von acht Wochen zweimal pro Woche.

Eine Massage unterstützt die Bestrahlung

Um die Brust zu straffen und auch dem Dekolletee wieder ein frisches Aussehen zu verleihen, müssen Sie sich zuerst mit Ihrer persönlichen Farbe bestrahlen. Günstig ist es auch, wenn Sie durch eine kurze Massage den Lymphfluss anregen. Das kann ruhig während der Bestrahlung mit der von Ihnen ausgewählten Farbe geschehen.

Alle Massagen, die das Lymphsystem entlasten, dürfen nur mit hauchzarten Bewegungen ausgeführt werden. Wenn Sie zu fest reiben oder einen zu starken Druck ausüben, verdickt sich nämlich sofort die Lymphflüssigkeit und staut sich in ihren Bahnen. Streichen Sie deshalb Ihre Haut wirklich nur sehr sanft aus, streicheln Sie sich wie mit zarten Samtpfötchen.

Mit dieser Massage werden zuerst die Zonen um das Schlüsselbein herum stimuliert, hier verläuft nämlich das Hauptgefäß der Lymphe, der so genannte Milchbrustgang. Auch kleinere Lymphdrüsen und -bahnen sind in diesem Gebiet zu Hause. Wenn die Lymphflüssigkeit verdickt ist und nicht ungehindert fließen kann, kommt es zu Stauungen, Spannungen und sogar zu Schmerzen. Diese typischen Zeichen sind uns von Infektionen, z.B. von einer Halsentzündung her bekannt: Die Lymphdrüsen am Hals und unter dem Kinn schwellen schmerzhaft an. In ernsteren Fällen kann sich sogar das Gewebe verhärten.

Sie tun mit dieser Massage nicht nur Ihrem Dekolletee etwas Gutes, sondern auch Ihrer Gesundheit. Durch das sanfte Ausstreichen der Lymphbahnen wird der Abtransport von Giftstoffen gefördert und das Immunsystem entlastet.

Bestrahlung und Massage zur Straffung der Brust

- Ermitteln Sie anhand des kinesiologischen Tests auf S. 65 die für Sie ideale Behandlungsfarbe.
- Bestrahlen Sie damit den gesamten Oberkörper und das Gesicht für etwa fünf bis zehn Minuten.
- Beginnen Sie während der Bestrahlung mit einer Massage, indem Sie beide Hände über Kreuz auf die Schultern legen und die Hände dann langsam schräg nach unten gleiten lassen, bis sie sich am Brustbein wieder treffen.
- Massieren Sie dieses Gebiet zehnmal wie beschrieben.
- Anschließend legen Sie beide Hände unter die Brust und streichen sie in einer kreisförmigen und nach außen gerichteten Bewegung zur Achselhöhle hin aus.
- Nun bestrahlen Sie das Gebiet der Leber im rechten Oberbauch eine Minute lang mit blauem Licht.
- Dann beleuchten Sie das Gebiet der Milz im linken Oberbauch eine Minute lang mit gelbem Licht.
- Anschließend wird der gesamte Bauch von links nach rechts und von unten nach oben

mit rotem Licht bestrahlt, und zwar zwei Minuten pro Seite.

- Jetzt wird das rote Licht auf die Brust gerichtet und die linke und rechte Brust werden je sechs Minuten lang bestrahlt.
- Abschließend werden die Brüste, links beginnend, mit weißem Licht bestrahlt, wiederum je sechs Minuten lang.

Es ist vorteilhaft, wenn Sie während der Lichtwellness-Behandlung eine straffende Maske auf die Brust einwirken lassen. Achten Sie darauf, dass die Creme nur ganz dünn aufgetragen wird, sodass das Licht ungehindert durch sie hindurchstrahlen kann.
Zwei Behandlungen pro Woche bringen einen schönen Erfolg, der auch anhält, wenn Sie sich über acht Wochen lang bestrahlen.
Doch das sind nur Mittelwerte, im Einzelfall können je nach Gewebe, Alter und persönlichem Empfinden auch Bestrahlungen über einen längeren Zeitraum nötig sein.

Das Mildern von Cellulite

Cellulite ist ein weitverbreitetes Problem

Die Cellulite, auch Orangenhaut genannt, ist eine dellenartige Verformung der Haut, die besonders an den Oberschenkeln, jedoch auch an den Hüften oder Oberarmen auftreten kann. Achtzig Prozent der über zwanzigjährigen Frauen sind davon betroffen.
Die meisten Frauen haben zumindest eine Anlage zu diesem Problem, das sich aus dem weiblichen Hormonhaushalt und dem besonderen Aufbau der Haut

bei Frauen ergibt, es ist also eine zutiefst weibliche Hauterscheinung und keinesfalls eine Erkrankung. Nur äußerst selten können auch Männer Cellulite haben, hier liegt dann allerdings eine ernste Hormonstörung zugrunde, die von einem Endokrinologen behandelt werden sollte.

Cellulite hat nichts mit Übergewicht zu tun. Auch schlanke Frauen, die zudem noch Sport treiben, können sehr schwere Cellulite haben. Was hat sich der weibliche Organismus denn nur dabei gedacht, als er die Orangenhaut erfand? Die Antwort ist überraschend: Er will die Frauen möglichst lange jung und attraktiv erhalten! Das tut er, indem er Östrogen, das weibliche Hormon der Schönheit, der Jugend und des Wohlbefindens im Fettgewebe von Oberschenkeln und Hüften abspeichert. Dort kann der Körper darauf zurückgreifen, wenn die natürlichen Östrogenspeicher langsam leerer werden.

Cellulite soll eigentlich schön machen

In den Siebzigerjahren wurde der Cellulite der Kampf angesagt. Zuerst wurde sie »Cellulitis« genannt; da die Silbe »itis« in der Medizin immer eine Entzündung bezeichnet, die Orangenhaut jedoch in keinster Weise eine entzündliche Erkrankung ist, wehrten sich die Mediziner und erreichten schließlich, dass der falsch gewählte Begriff durch »Cellulite« ersetzt wurde, was sich dann auch durchsetzte. Die Kosmetikindustrie jubelte, denn da Cellulite bei sehr vielen Frauen auftritt, waren jetzt neue Produkte gefragt, um diesem Übel zu Leibe zu rücken. Der neu entdeckte Makel erwies sich als gutes Geschäft, inzwischen stellen viele Kosmetikfirmen Anti-Cellulite-Cremes, -Öle und -Lotionen her. Es handelt sich dabei um relativ teure Produkte, und da die zu behandelnde Fläche jeweils groß ist und die Betroffenen zahlreich sind, kann man sich den wirtschaftlichen Erfolg ausrechnen. Leider haben die verschiedenen Prä-

parate kaum einen nennenswerten Effekt, es sei denn, es handelt sich tatsächlich um sehr leichte Fälle. Bei mittlerer bis schwerer Cellulite zeigt sich keine weitere Verbesserung. Hier bleibt als einzige Möglichkeit die Operation mit all ihren bekannten Risiken.
Lichtwellness kann hier eine ungefährliche Alternative bieten.

Regeln zur Bekämpfung von Cellulite

- Benutzen Sie einen Polfilter oder ein Bionic BI-Light-Gerät, sonst ist die Behandlung nicht wirksam.
- Bestrahlen Sie sich über einen Zeitraum von zwei Monaten zweimal wöchentlich.

Eine regelmäßige Behandlung ist besonders wichtig

Da Cellulite eine hartnäckige Erscheinung ist, sollten Sie wirklich regelmäßig zweimal pro Woche diese besondere Lichtwellness-Behandlung durchführen. Manche Frauen zeigen schon nach einer oder ganz wenigen Bestrahlungen gute Erfolge, bei anderen wiederum lässt sich der Körper Zeit mit seiner Reaktion. Daher empfehle ich, mindestens zwei Monate lang mit Lichtwellness fortzufahren.

Bestrahlung gegen Cellulite

- Wählen Sie zuerst anhand des kinesiologischen Tests von S. 65 die Farbe aus, die zum Energieausgleich gut für Sie ist.
- Mit dieser Farbe bestrahlen Sie zuerst das Gesicht eine Minute lang.
- Bestrahlen Sie dann den Bereich der Milz im linken Oberbauch eine Minute lang mit grünem Licht.
- Bestrahlen Sie die Nieren je eine Minute lang von links nach rechts mit rotem Licht.
- Dann beleuchten Sie das Gebiet der Leber im rechten Oberbauch eine Minute lang mit blauem Licht.
- Bestrahlen Sie den unteren Teil des Gesäßes von links nach rechts je eine Minute lang mit gelbem Licht.
- Anschließend beleuchten Sie das gesamte Gesäß eine Minute mit Gelb.
- Die Farbbehandlung endet damit, dass rotes Licht auf die Leisten gestrahlt wird, und zwar von links nach rechts je eine Minute lang.
- Auf die von Cellulite betroffenen Stellen wird weißes Licht ohne Farbfilter gerichtet. Diese Hautareale werden jeweils zwei bis vier Minuten lang bestrahlt.

Wer nicht mit polarisiertem Licht, sondern nur mit einem einfachen Farbfilter arbeiten möchte, dem seien die Farben Orange und Türkis empfohlen. **Oranges Licht** baut altes Gewebe ab und fördert die Bildung von neuem Gewebe. Zudem regt es die Schilddrüse an und beschleunigt dadurch den Stoffwechsel. Bei lästigen

Halten Sie das Gewebe warm

Stauungen im Unterbauch und in den Beinen, an denen viele Frauen leiden, wirkt es entkrampfend. Gleichzeitig fördert und verstärkt es die Periode, was auch zu einer Entstauung der unteren Extremitäten und des Bauches führt. Oranges Licht wirkt auch durchwärmend. Gerade bei Cellulite ist es wichtig, das Gewebe warm und damit gut durchblutet zu halten. Berühren Sie einmal mit der Hand von Cellulite befallene Stellen an Gesäß und Beinen: Sie werden erstaunt sein, wie kalt sie sich anfühlen. Viele Cremes gegen Cellulite haben daher einen Thermoeffekt, d.h. sie erwärmen die betroffenen Hautareale. Auch die Methode des Bodywrapping, bei der die betroffenen Körperzonen straff mit Plastikfolien eingewickelt werden, arbeitet nach demselben Prinzip. Unter der Folie erwärmt sich die Haut und wird dadurch besser durchblutet. Wenn die Haut besser durchblutet ist, werden auch Schlackenstoffe leichter ausgeschieden und die Entwässerung funktioniert besser. Denken Sie auch beim Sport daran, Beine und Gesäß warm zu halten, d.h. nicht mit kurzen Hosen zum Joggen zu gehen! Der Luftzug, der bei der Bewegung entsteht, und der Schweiß auf der Haut kühlen merklich aus und behindern die gute Durchblutung, die für einen straffen Körper wichtig ist. Oranges Licht wirkt hier durchblutungsfördend und durchwärmend.

Denken Sie daran, dass Orange Sie sehr munter und wach werden lässt, deshalb ist diese Bestrahlung eher für den Vormittag oder frühen Nachmittag geeignet.

Türkises Licht beeinflusst das Stoffwechselgeschehen positiv, besonders nach akuten Erkrankungen. Es unterstützt die Bildung von Kollagen und wirkt kräftigend auf die Haut. Türkis glättet und festigt die Haut und das Unterhautgewebe. Da es auch bei der Behandlung von Narben eingesetzt wird, zeigt es einen günstigen Ein-

fluss auf Dehnungsstreifen, die oft mit Cellulite einhergehen oder infolge von ihr auftreten.
Neben den kosmetischen Effekten wirkt Türkis entspannend, beruhigend und schlaffördernd. Sie können sich daher auch abends beim Fernsehen oder wenn Sie im Bett oder auf der Couch lesen mit Türkis beleuchten, ohne um Ihre Nachtruhe fürchten zu müssen.
Bei Bestrahlungen mit Orange und/oder Türkis brauchen Sie keine komplizierte Reihenfolge von Farben und Körperzonen einhalten. Die Anwendung ist ganz einfach!

Alternative Behandlung ohne Polfilter

- Beleuchten Sie sich an einem Tag mit der Farbe Orange, richten Sie das Licht auf die betroffenen Gebiete und entspannen Sie eine halbe bis eine Stunde lang.
- Dann bestrahlen Sie die betroffenen Stellen drei Tage lang jeweils eine Stunde mit türkisem Licht, bevor Sie wieder Orange einsetzen.
- Diese Behandlung führen Sie so lange durch, bis das gewünschte Ergebnis eintritt.

Die Regeneration von Haut und Gewebe

Der Haut die Lebenskraft zurückgeben

Eine Haut ohne Lebenskraft wirkt fahl und stumpf, grau, gelblich und müde. Manchmal durchziehen feine Knitterfältchen die Haut, sodass sie einem dünnen Pergamentpapier gleicht. Manchmal wirkt sie dick und wächsern oder wie gegerbt, so als ob nichts sie durchdringen könnte. Selbst wenn unser Hauttyp genetisch

Die drei Säulen schöner Haut: Eine ausgewogene Ernährung, ausreichend Schlaf und Bewegung

bedingt ist, so können wir doch sehr viel tun, um unserer Haut ihre Vitalität zu erhalten oder zurückzugeben. Ein Großteil hängt von unserer Ernährung ab und davon, ob wir unser Leben so gestalten, dass wir ausreichend Schlaf und Bewegung an der frischen Luft bekommen. Extreme und einseitige Diäten, wie sie in allen möglichen Ratgebern empfohlen werden, schaden nur unserem Stoffwechsel und unserer Haut. Doch nicht nur diese Sünden zeigen ihre Spuren, auch die Umwelt wirkt auf die Haut ein. Sei es durch die Chemikalien und den Feinstaub in der Luft oder durch zu häufige oder zu lange Sonnenbestrahlungen.
Mit Lichtwellness können wir viel tun, um der Haut ihre Frische wieder zurückzugeben – und es dauert gar nicht lange!

Regeln zur Regeneration strapazierter Haut

- Benutzen Sie einen Polfilter oder ein Bionic BI-Light-Gerät, sonst ist die Behandlung nicht wirksam.
- In akuten Fällen sollte diese Behandlung zweimal pro Woche über einen längeren Zeitraum durchgeführt werden.
- Um die Jugendlichkeit der Haut zu bewahren, reicht es, sich alle zwei Wochen einmal zu bestrahlen.

Um Ihrer Haut Vitalität und ein frisches Aussehen zu verleihen, müssen Sie sich vor der eigentlichen Behandlung zuerst mit Ihrer persönlichen Farbe bestrahlen.

Bestrahlung zur Regeneration strapazierter Haut

- Ermitteln Sie anhand des kinesiologischen Tests von S. 65 die Farbe, die Ihr Körper braucht, um ein harmonisches Gleichgewicht zu erreichen.
- Bestrahlen Sie damit das Gesicht für etwa fünf bis zehn Minuten.
- Nun bestrahlen Sie das Gebiet der Milz im linken Oberbauch eine Minute lang mit grünem Licht.
- Dann werden die Nieren von links nach rechts je eine Minute lang mit rotem Licht beleuchtet.
- Anschließend bestrahlen Sie das Gebiet der Leber im rechten Oberbauch mit blauem Licht.
- Der Unterbauch wird abschnittsweise von links nach rechts mit Grün bestrahlt.
- Der untere Teil des Gesäßes wird zuerst links, dann rechts je eine Minute lang mit Rot bestrahlt.
- Dann beleuchten Sie das ganze Gesäß von links nach rechts je eine Minute lang mit Gelb.
- Die Leisten werden von links nach rechts je eine Minute lang mit rotem Licht beleuchtet.
- Schließlich erfolgt die Bestrahlung des Gesichts mit weißem Licht für zwei bis drei Minuten.

Wenn Sie kein polarisiertes Licht, sondern nur einfache Farbfilter verwenden möchten, entfällt die abwechselnde Farbwahl und die Auswahl der Körperzonen. Sie können aus den folgenden Beschreibungen einfach die Farbe auswählen, die am besten für Sie geeignet ist.

Rotes Licht fördert die Durchblutung und den Stoffwechsel der Haut. Es nimmt dem Teint die Blässe, gibt ihm wieder Kraft und lässt ihn strahlend gesund erscheinen. Einige Menschen reagieren sehr schnell auf Rot. Wenn die Haut genug von diesem Farblicht aufgenommen hat, merken Sie es daran, dass Sie unruhig werden oder dass Ihr Puls schneller geht. Löschen Sie dann das Licht und bleiben Sie einige Minuten mit geschlossenen Augen liegen, bis sich das Zuviel an Farbe wieder abgebaut hat. Bei Rot genügen oft nur fünf bis zehn Minuten, um eine Wirkung zu erreichen. Bleiben Sie also nur so lange unter rotem Licht, wie es Ihnen gut tut.

Ein Peeling vor der Bestrahlung intensiviert die Wirkung

Orange ist die ideale Farbe für das Gewebe, da es altes Gewebe abbaut. Besonders gut wirkt es, wenn man sich nach einem Peeling mit Orange bestrahlt: Die abgestorbenen Hautschüppchen werden durch das Peeling entfernt und das orange Licht kann auf der frisch gereinigten Haut den Aufbau des neuen Gewebes besonders aktiv fördern. Durch die Aktivierung des Zellgewebes wird auch der Abbau von Schadstoffen angeregt, die durch negative Umweltbelastungen (Passivrauchen, schlechte Luft usw.) entstehen und die Haut belasten. Da Orange außerdem die Körpermuskulatur entkrampft, lässt eine Bestrahlung mit orangem Licht die Haut sanft und jugendlich erscheinen.

Ein ganz wichtiges Farblicht für die Regeneration der Haut ist **Lindgrün**. Diese Farbe hat eine äußerst vielfältige und wohltuende Wirkung auf den Körper. Lindgrünes Licht fördert die Entgiftung über die Haut, dadurch hilft es ihre Grundfunktionen, wie Wärmeaustausch und Schutz, aufrechtzuerhalten. Außerdem geben Sie dem Körper, wenn Sie mit Lindgrün bestrahlen, die Möglichkeit, Mineralien und Spurenelemente besser aus der Nahrung aufzunehmen, zu verwerten und für sich nutzbar zu machen. Häufig entsteht nämlich ein Mangel an diesen Stoffen dadurch, dass der Körper einfach nicht dazu in der Lage ist, z.B. Eisen aus der Nahrung aufzunehmen. Durch diese wertvolle Eigenschaft von lindgrünem Licht werden die Körper- und Hautzellen repariert und genährt. Das wirkt verjüngend auf das Zellsystem und die Haut.

Lindgrün verbessert die Aufnahme von Mineralien und Spurenelementen aus der Nahrung

Grünes Licht stimuliert die Hypophyse und regt dadurch das hormonelle System an. Bestimmte Hormone sorgen dafür, dass unsere Haut mit Feuchtigkeit aufgepolstert wird, eine Fähigkeit, die mit zunehmendem Alter abnimmt, was die Haut alt und trocken aussehen lässt. Durch die Anregung der Hormone mit grünem Licht kommt das Hormonsystem wieder in Schwung und die Haut wirkt frischer und glatter. Grün unterstützt auch den Aufbau von Muskeln und Gewebe und lässt dadurch das Gesicht wieder voller aussehen. Es wirkt kräftigend und straffend.

Grün wirkt kräftigend und straffend

Blaues Licht kühlt die Haut, nimmt den Juckreiz bei Allergien und Ekzemen und entspannt überreizte Nerven. Außerdem bringt es Sauerstoff ins Gewebe und ins Blut, dadurch wirkt es vitalisierend und erfrischend auf den Körper und natürlich auf die Haut.

Türkis ist die Schönheitsfarbe schlechthin. Dieses Licht erfrischt müde und abgespannte Haut. Es ist eine Wohltat, sich nach einem arbeitsreichen und anstrengenden Tag mit Türkis zu bestrahlen, das die Spuren von Stress und Anspannung richtiggehend wegzaubern kann und kleine Stressfältchen verschwinden lässt. Wie schon erwähnt, unterstützt türkises Licht die Bildung von Kollagen. Dadurch wird die Haut von innen heraus wieder aufgebaut, verjüngt und gestrafft. Denken Sie auch daran, dass kleinere Narben, z.B. von einer Akne oder von Pickeln oder Sonnenbränden, durch türkises Licht zum Verschwinden gebracht werden können.

Spielen Sie mit den Farben

Mit diesen Schönheitsfarben können Sie spielen und sie je nach Hautbeschaffenheit oder Hautproblem einsetzen. Es ist nicht nötig, sich konsequent wochenlang mit nur ein und demselben Farblicht zu beleuchten, wechseln Sie ruhig ab und verwenden Sie zwischendurch auch einmal eine Farbe, die Sie besonders anspricht, aus welchen Gründen auch immer. Oft wirkt diese »Zwischenfarbe« wie ein Zündfunke, der die Wirkung der Hauptfarbe verstärkt. Falls Sie keine besonderen Probleme mit Ihrer Haut haben, sondern nur möchten, dass sie lebendiger und frischer aussieht, dann können Sie sich auf die beiden Hauptfarben zur Hautverjüngung beschränken, nämlich auf Lindgrün und Türkis.

Vitalisierung der Haut

Födert die Durchblutung und den Stoffwechsel

- Bestrahlen Sie die Problemzone täglich fünf bis zehn Minuten mit Rot.

Aktiviert das Zellgewebe und baut neues Gewebe auf

- Bestrahlen Sie die Problemzone täglich zwanzig bis dreißig Minuten mit Orange.

Entgiftet und verjüngt das Zellsystem

- Bestrahlen Sie die Problemzone täglich zwanzig bis dreißig Minuten mit Lindgrün.

Regt das Hormonsystem an

- Bestrahlen Sie die Problemzone täglich zwanzig bis dreißig Minuten mit Grün.

Reichert das Gewebe mit Sauerstoff an

- Bestrahlen Sie die Problemzone täglich zwanzig bis dreißig Minuten mit Blau.

Erfrischt und unterstützt die Kollagenbildung

- Bestrahlen Sie die Problemzone täglich zwanzig bis dreißig Minuten mit Türkis.

- Nach drei Wochen legen Sie eine Woche Pause ein. Führen Sie die Bestrahlung so lange fort, bis das gewünschte Ergebnis eintritt.

Der farbige Appetitzügler

Die Themen Gewicht und Abnehmen sind in den Medien sehr dominant. Die ideale Frau ist schlanker als schlank und eine ganz normale Figur gilt als dick. Einen guten Vergleich zu früheren Zeiten bieten die großen internationalen Filmstars der Nachkriegszeit: Die meisten von ihnen müssten heutzutage erst einmal tüchtig abnehmen, bevor sie eine Filmrolle bekämen. Fast jede Frau jammert heute über ihr Gewicht und möchte zumindest ein paar Kilo loswerden, doch aus irgendeinem Grund scheint das nicht zu funktionieren. Gleichzeitig zu dem übertriebenen Schlankheitswahn und all seinen Folgen, wie Magersucht und Bulimie, gibt es allerdings auch immer mehr stark übergewichtige junge Menschen, deren Figur wirklich aus den Fugen geraten ist. Irgendetwas in puncto Ernährung und Essgewohnheiten läuft also falsch und bedarf der Verbesserung und Aufklärung.

Jeder Schlankheitskur sollte eine Blutuntersuchung vorausgehen

Da wir gerade beim Thema Abnehmen sind, möchte ich darauf hinweisen, dass vor jeder begründeten und notwendigen Schlankheitskur ein Besuch beim Arzt erfolgen sollte. Ein sorgfältiges Blutbild gibt ihm nämlich wertvolle Hinweise darauf, ob bestimmte Hormondrüsen im Körper eine Unterfunktion aufweisen. Ich denke da besonders an die Schilddrüse; ein Mangel an bestimmten Hormonen treibt das Gewicht unweigerlich nach oben und macht es mehr als schwierig, abzunehmen. Nur der Arzt kann entscheiden, ob eine hormonelle Unterstützung gebraucht wird, und sie auch passend, auf den jeweiligen Typ zugeschnitten, verordnen. Eine solche Maßnahme erleichtert es dann ungemein, wieder schlank zu werden.

Ein guter Appetit ist viel wert. Doch wenn ein Mensch sein gesundes Gefühl für den Nahrungsbedarf verloren hat und nur noch seinem Verlangen nach Essen folgt, entsteht ein Problem. Je mehr man nämlich isst, desto mehr Hunger und Appetit wird man empfinden. Das erscheint zwar paradox, ist jedoch eine bestätigte Erfahrung. Das liegt daran, dass bei zügellosem Essverhalten nicht nur der Magen, sondern auch der Darm immer gefüllt ist. Kaum hat sich der Darm einmal geleert, wird schon wieder der Nahrungsbrei aus dem Magen nachgeschoben. Bei vollem Darm wird der Mensch jedoch schneller hungrig!

Ein leerer Darm zügelt den Appetit

Ist der Darm entleert, empfindet man keinen Appetit. Bei Fastenkuren kann man diesen Effekt nutzen, indem der Darm mit Hilfe einer Glaubersalzlösung, die morgens nüchtern getrunken wird, oder durch Einläufe freigehalten wird. Die Wirkung ist neben der allgemeinen Reinigung des Verdauungssystems phänomenal: Man empfindet weder Appetit noch Hunger und tut sich so viel leichter, während einer Fastenkur auf sein geliebtes Essen zu verzichten. Diese Maßnahmen sind natürlich nur im Rahmen einer zeitlich begrenzten Kur angebracht und keinesfalls zu häufig und unkontrolliert durchzuführen!

Ein anderer Grund für eine Gewichtszunahme ist sicherlich, dass sich die Essgewohnheiten in unserer Gesellschaft in den letzten zehn Jahren grundlegend geändert haben. Man isst immer seltener ruhig im Sitzen am Tisch, sondern eher zwischendurch und im Gehen – da ein Gyros, dort ein Stück Kuchen, dann wieder ein Sandwich usw. Besonders eindrucksvoll können Sie dieses Verhalten in den größeren Städten beobachten. Achten Sie einmal darauf, wie viele Menschen unterwegs sind und schnell aus dem Papier heraus im Gehen etwas essen. Dieses Bedürfnis nach schneller Befriedigung des Hungergefühls findet überall verlockende Angebote, sei es beim Bäcker oder in diversen Snackbars und Imbissbuden. Der Nachteil ist, dass wir kaum registrieren, was und wie viel wir essen. Am Abend kommt auf diese Weise eine beachtliche Kalorienmenge zusammen und wir haben das Gefühl, doch eigentlich nichts gegessen zu haben.

Lichtwellness kann uns durch einfache und schnelle Behandlungen dazu verhelfen, dass übermäßiger Appetit reduziert wird. Die Farben der Wahl sind hier Gelb und Violett.

Violett dämpft das Hungergefühl

Wenn Sie viel Zeit haben und das farbige Licht in allen Aspekten so richtig genießen möchten, dann bestrahlen Sie sich mit **violettem Licht**. Wichtig dabei ist, dass der Oberkörper der violetten Farbe möglichst unbekleidet ausgesetzt wird. Durch Violett wird das Hungergefühl deutlich gedämpft. Ein zusätzlicher und angenehmer Nebeneffekt ist, dass nicht nur das Hungergefühl beruhigt wird, sondern das gesamte Nervensystem. D.h. Sie werden ruhiger und gelassener im Leben stehen und Stress im Beruf und Alltag besser ertragen. Eine Wohltat für Stressesser!

Intensive Bestrahlung, um den Appetit zu zügeln

- Bestrahlen Sie den nackten Oberkörper zwanzig bis dreißig Minuten mit violettem Licht.
- Führen Sie die Bestrahlung zwei- bis viermal pro Woche durch.

Steht Ihnen der Sinn eher nach einer kurzen Behandlung, die wirklich nur ganz wenig Zeit in Anspruch nimmt, dann wählen Sie **gelbes Licht**. Gelbes Licht entspricht laut chinesischer Medizin den Organen Magen und Milz. Wenn diese Organe über die Energieleitbahnen mit der ihnen zugeordneten Farbe aufgefüllt werden, erlischt das Hungergefühl und auch der übermäßige Appetit.

Für diese Anwendung bestrahlen Sie sich unterhalb der Brustwarzen jeweils zwei Minuten lang mit Gelb.

Noch bequemer ist es, sich zur Appetitdämpfung eine bestimmte Stelle in der Mitte der Oberarme zu bestrahlen. Wenn Sie auf diese Stelle mit den Fingerkuppen drücken, ist sie mehr oder weniger schmerzhaft. Um den Appetit zu dämpfen, pressen Sie diese Stelle mehrmals. Wenn Sie zusätzlich noch etwas Zeit haben, bestrahlen sie die ganze Zone außerdem mit gelbem Licht.

Schnell durchführbare Varianten, um den Appetit zu zügeln

- Bestrahlen Sie sich eine Handbreit unterhalb der Brustwarzen, erst links, dann rechts, für jeweils zwei Minuten mit gelbem Licht.
- Führen Sie diese Behandlung einmal täglich jeweils eine halbe Stunde vor dem Essen durch.

oder

- Drücken Sie mit den Fingerkuppen jeweils zehnmal auf die Außenseite Ihres Oberarms, etwa in der Mitte zwischen Schulter und Ellenbogen, erst links, dann rechts.
- Bestrahlen Sie anschließend beide Zonen jeweils zwei Minuten lang mit gelbem Licht.

- Führen Sie die Behandlung einmal täglich eine halbe Stunde vor dem Essen durch.
- Beide Methoden werden so lange durchgeführt, bis das gewünschte Ergebnis eintritt. Alle drei Wochen legen Sie eine Pause von einer Woche ein.

Fußpflege

Unsere Füße tragen uns den ganzen Tag und ein ganzes Leben lang. Solange sie ihre Aufgaben gut erfüllen, nehmen wir ihre Arbeit gar nicht zur Kenntnis. Erst wenn wir ein Problem an den Füßen bekommen und jeder Schritt zur Qual wird, erkennen wir, was unsere Füße für uns leisten müssen.

Viele Mädchen und Frauen haben gelegentlich kalte Füße. Es gibt jedoch auch Menschen, deren Füße so kalt sind, dass sie nicht einmal mehr in der Sauna warm werden. Die Kälte am Fuß kann ein beinahe schmerzhaftes Gefühl erzeugen, das den ganzen Tag über unangenehm anhält. Nachts kalte Füße zu haben, ist beinahe noch störender als tagsüber, da die Ablenkung durch das Alltagsgeschehen entfällt. Wer nachts kalte Füße hat, kann nicht einschlafen und versucht verzweifelt, etwas Wärme in seine Zehen zu bringen. Außerdem neigen Menschen mit kalten Füßen dazu, Reizungen oder Entzündungen der Blase und – in schlimmen Fällen – sogar der Nieren zu bekommen. Es ist also aus verschiedener Hinsicht wichtig, das so banal erscheinende Problem in den Griff zu bekommen.

Kalte Füße können zu Blasen- und Nierenentzündungen führen

Bei kalten Füßen bestrahlen Sie die Füße und besonders die Fußsohlen am besten mit **rotem Licht**. Rot steht für Hitze und Energie. Das rote Licht steigert die Durchblutung und regt das Nervensystem an. Das Farblicht allein genügt, Sie brauchen keine Hundert-Watt-Birne, die zudem noch Wärme abstrahlt! Falls Sie während der Bestrahlung an den bloßen Füßen frieren, können Sie ein neutrales Seiden- oder Baumwolltuch um die Füße wickeln. Das Farblicht kann diese Hülle durchdringen! Diese Behandlung können Sie bequem abends beim Fernsehen oder Lesen durchführen. Sie werden bald spüren, wie Ihre Fußsohlen anfangen zu kribbeln und sich die Füße langsam erwärmen. Und noch ein ganz einfacher, aber wirksamer Tipp: Tragen Sie rote Socken!

Rote Socken gegen kalte Füße

Oranges und **gelbes Licht** wirkt ebenfalls erwärmend, es entspannt und entkrampft die Muskulatur der Füße. Falls Ihnen rotes Licht zu stark anregend erscheint (dies spüren Sie an einer während der Bestrahlung auftretenden Unruhe und Nervosität), können Sie auch zu Orange oder Gelb überwechseln. Auch diese Farben erlauben es, die Füße durch einen dünnen Stoff hindurch zu beleuchten.

Doch auch zu heiße Füße können eine Plage sein. Die Personen, die daran leiden, möchten sich am liebsten die Schuhe und Strümpfe herunterreißen und die Füße in einen Eimer mit kaltem Wasser stellen! Auch durch dieses Problem und die damit verbundene Unruhe wird der Schlaf verhindert oder gestört, denn die Menschen, die daran leiden, strampeln sich in der Nacht frei oder wachen durch Hitzeschübe auf. **Blaues Licht** schafft hier Abhilfe. Nach einer Viertelstunde schon fühlen sich die heißen Füße merklich kühler an.

Fußpflege

Wärmt kalte Füße

- Bestrahlen Sie die Füße einmal täglich für zwanzig bis dreißig Minuten mit Rot.

oder bei Rot-Unverträglichkeit

- Bestrahlen Sie die Füße einmal täglich für zwanzig bis dreißig Minuten mit Orange oder Gelb.

Kühlt heiße Füße

- Bestrahlen Sie die Füße einmal täglich für etwa fünfzehn Minuten mit Blau.

- Führen Sie die Behandlung jeweils so lange durch, bis das gewünschte Ergebnis eintritt. Alle drei Wochen legen Sie eine Pause von einer Woche ein.

Entzündungen an den Zehengelenken sind ein häufig auftretendes Leiden. Ganz besonders gilt dies für Entzündungen des Grundgelenks der großen Zehe, Hallux valgus genannt, an dem vor allem Frauen jenseits der vierzig erkranken. Neben einer sehr schmerzhaften Entzündung tritt gleichzeitig eine Verformung des Gelenks ein. Die große Zehe verbiegt sich nach innen in Richtung der anderen Zehen und der Ballen wandert in die entgegengesetzte Richtung. Mit dieser Verformung, die mit den Jahren immer deutlicher und auch schmerzhafter wird, ist es schwer, passendes Schuhwerk zu finden. Besonders elegante Schuhe werden nicht mehr vertragen, da sie bei Schritt und Tritt Schmerzen hervorrufen. Hier bietet die Medizin nur noch eine komplizierte Operation des betroffenen Fußes mit langwieriger Rekonvaleszenz an.

Entzündungen des Hallux valgus können sehr schmerzhaft sein

Es gibt jedoch eine einfache Übung, die Sie am besten zusammen mit den Anwendungen der Lichtwellness durchführen. Dazu benötigen Sie ein elastisches Band, am besten ein Gymnastikband.

Übung bei einer Gelenkentzündung der großen Zehe

- Umwickeln Sie Ihre betroffene große Zehe mehrmals mit einem Ende des Gymnastikbandes.
- Winden Sie jetzt das Band noch zweimal um den Unterschenkel, und zwar so, dass Sie das andere Ende des Bandes an der Außenseite des Beines mit der Hand zu fassen bekommen.
- Straffen Sie das Band ein wenig und halten Sie es fest.
- Wenn Sie auf diese Art und Weise ein paar Mal in Ihrem Wohnzimmer auf und ab gehen, werden Sie sehen, dass durch diese Wickelung die große Zehe abgespreizt und wieder in ihre natürliche Form gebracht wird.
- Es kann anfangs ein wenig schmerzen, doch schon nach einem einzigen solchen Spaziergang von etwa fünf Minuten Dauer ist ein Großteil der Gelenkschmerzen verschwunden.
- Anschließend beleuchten Sie den Fuß mit blauem Licht.

Übung bei einer Gelenkentzündung der großen Zehe

Auch Entzündungen der anderen Gelenke des Mittelfußes können einem das Gehen schwer machen. Auch hier hilft **blaues Licht**, das lange genug auf den betroffenen Fuß aufgestrahlt wird.

Bestrahlung einer Gelenkentzündung der Zehen

- Bestrahlen Sie die betroffene Zehe etwa zwanzig Minuten täglich mit blauem Licht.
- Führen Sie die Behandlung so lange durch, bis die Entzündung abgeklungen ist. Alle drei Wochen legen Sie eine Pause von einer Woche ein.

Ein wirklich ganz großes Problem ist der Fußpilz. Fast alle älteren Menschen und auch viele junge Leute leiden daran. Je älter eine Person ist, desto schwieriger und langwieriger ist es, einen Fußpilz in den Griff zu bekommen. In einfachen Fällen erzeugen Fußpilze einen mehr oder weniger starken Juckreiz zwischen den Zehen. Wenn der Pilz den Nagel befallen hat, wird dieser immer dicker, er verfärbt sich gelblich, wird krümelig und sieht sehr hässlich aus. Das alles könnte nur als ein lästiges Schönheitsproblem angesehen werden. Doch da bei Pilzbefall das Immunsystem der Haut angegriffen ist und immer kleine Risse oder Verletzungen der Haut auftreten, kann eine gefährliche Situation entstehen, wenn durch diese kleinen Wunden Krankheitskeime eindringen. Denn so können Infektionen entstehen, die nur schwer zu heilen sind. Es ist daher immer besser, einen Fußpilz schon während des Entstehens zu bekämpfen. Natürlich sind alle Anweisungen des Arztes zu beachten, so müssen die Füße, besonders die Zehenzwischenräume, nach dem Duschen oder Baden immer sorgfältig abgetrocknet werden. Häufiger Socken- und Handtuchwechsel und das Desinfizieren aller Schuhe mit Antipilzspray ist angesagt, ebenso eine sorgfältige Behandlung mit vom Arzt verschriebenen Medikamenten.

Fußpilz kann zu schweren Infektionen führen

Um die ärztliche Behandlung zu beschleunigen, cremen Sie den Fuß mit einer Antipilzsalbe ein und bestrahlen ihn dann ausführlich mit **grünem Licht**. Grünes Licht zerstört nämlich nicht nur Mikroorganismen, in diesem Fall den Pilz, sondern auch Viren, Bakterien und Keime. Gleichzeitig wirkt es antiseptisch und desinfizierend bei Infektionen. Dieser Bestrahlung sind zeitlich keine Grenzen gesetzt, sie können Ihre Füße stundenlang, z.B. unter dem Schreibtisch, mit Grün bestrahlen. Pilze sind hartnäckig und lassen sich nur langsam heilen. Je gesünder und widerstandsfähiger Ihre Haut durch die Beleuchtung mit Grün wird, desto schneller verschwindet der Pilz, da er keinen Lebensraum mehr findet.

Behandlung von Fußpilz

- Cremen Sie die betroffene Stelle mit einer Antipilzsalbe ein.
- Bestrahlen Sie den Fuß mit Grün. Je länger, desto besser.
- Wiederholen Sie die Behandlung, bis der Pilz verschwunden ist.

Elastizität und Feuchtigkeit für raue Füße

Schrundige, raue Füße können eine echte Belastung sein, besonders dann, wenn die Fersen schmerzhafte Längsrisse bekommen. Auch hier ist die Infektionsgefahr groß, besonders bei Personen mit schwachen Abwehrkräften und bei Diabetikern. **Oranges** und **lindgrünes Licht** kann hier helfen. Orange baut altes Gewebe ab und fördert die Bildung von neuer und frischer Haut. Lindgrünes Licht repariert und nährt die Körperzellen, es regt den gesamten Stoffwechsel, auch den der Haut an. Außerdem wirkt es verjüngend auf das Zellsystem und die Haut, sodass sie wieder mit der nötigen Elastizität und Feuchtigkeit versorgt wird. Besonders wirksam ist eine Bestrahlung nach einem ausgiebigen Pflegefußbad.

Die Pflege rauer Füße

- Bestrahlen Sie Ihre Füße abwechselnd einen Tag mit Orange und einen Tag mit Lindgrün. Bestrahlen Sie auf keinen Fall mit beiden Farben gleichzeitig.
- Die Bestrahlung sollte jeweils fünfzehn Minuten dauern.
- Führen Sie die Behandlung so lange durch, bis das gewünschte Ergebnis eintritt. Alle drei Wochen legen Sie eine Woche Pause ein.

Grün macht Viren unschädlich

Warzen, ein weiteres Problem der Füße, entstehen durch eine Virusinfektion der Haut. Wie schon im Abschnitt Pilzbefall geschildert wurde, helfen auch hier lange, geduldige Bestrahlungen mit **grünem Licht**. Grün macht Viren unschädlich und dadurch können die Warzen zum Verschwinden gebracht werden.

Eine Anwendung, die bei jedem Leiden als unterstützende Maßnahme empfohlen werden kann, oder auch nur, um den Füßen etwas Gutes zu tun, besteht darin, jede einzelne Zehe mit einem bestimmten Farblicht zu bestrahlen. Für diese Lichtwellness-Behandlung verwenden Sie am besten einen kleinen Farblichtstrahler, der die Größe eines Kugelschreibers hat, leicht und handlich ist und sich mühelos in der Jackentasche unterbringen lässt.

Behandlung von Warzen

- Bestrahlen Sie die betroffene Stelle mit Grün. Je länger, desto besser.
- Wiederholen Sie die Behandlung, bis die Warze verschwunden ist.

Diese Anwendung basiert darauf, dass der ganze Fuß eine Reflexzone darstellt, in der sich alle Organe und Systeme des Körpers spiegeln.
Die Zehen- und die Zehenzwischenräume sind dem Lymphsystem zugeordnet, die große Zehe spiegelt den Kopf wider. Außerdem enden oder beginnen an den Zehen die verschiedenen Energieleitbahnen oder Meridiane der chinesischen Akupunktur. Der großen Zehe sind die Meridiane Milz und Leber zugeordnet, der zweiten Zehe der Magen, der vierten die Galle und der fünften die Blase. Es macht also durchaus Sinn, seine Zehen mit den Anwendungen der Lichtwellness zu behandeln, um den Lymphfluss zu fördern und die unterschiedlichen Organe und ihre Funktionskreise anzuregen und wieder in Schwung zu bringen. Das punktuelle Licht dringt in die Energieleitbahnen ein und erreicht das betreffende Organ. Diese Lichtwellness-Behandlung erfrischt und ist wirklich mühelos anzuwenden. Sie fördert die allgemeine Regeneration und stellt, wie alle Lichtwellness-Anwendungen, ein echtes Anti-Aging-Mittel dar.

Anti-Aging-Mittel für die Füße

Behandlung zur Regeneration der Füße

- Beleuchten Sie jede Zehe etwa dreißig Sekunden lang mit einem kleinen Farblichtstrahler.
- Beginnen Sie mit dem linken Fuß und bestrahlen Sie die große Zehe mit Orange.
- Die zweite Zehe beleuchten Sie mit rotem Licht.
- Die dritte und mittlere Zehe beleuchten Sie mit Türkis.
- Die vierte Zehe beleuchten Sie mit Gelb.
- Die fünfte und kleine Zehe beleuchten Sie mit Blau.
- In gleicher Reihenfolge bestrahlen Sie dann die Zehen Ihres rechten Fußes.
- Wiederholen Sie die Behandlung zwei- bis dreimal pro Woche.

Bei Erschöpfung und Energiemangel bestrahlen und massieren Sie mit dem Farblichtstift das Gebiet direkt unterhalb des Ballens, also genau da, wo die Hornhaut des Ballens in die weichere Fußsohle übergeht. Dieses Gebiet, das größenmäßig etwa einem zwei Euro-Stück entspricht, wird in der chinesischen Medizin »sprudelnde Quelle« genannt. Hier entspringt nämlich der Nierenmeridian, der nicht nur für beide Nieren, sondern auch für ausreichend Energie zuständig ist. Eine Minute Bestrahlung mit **Orange** pro Fußsohle genügt, um wieder an die sprudelnde Quelle der Energie angeschlossen zu werden.

Behandlung bei allgemeiner Erschöpfung

- Bestrahlen Sie die Fußsohlen unterhalb des Ballens einmal täglich jeweils eine Minute mit Orange.
- Führen Sie die Behandlung so lange durch, bis Sie sich stärker fühlen. Alle drei Wochen legen Sie eine Woche Pause ein.

Vitalisierung von Körper und Geist

Lichtwellness als Wachmacher und Energiespender

Falls Sie sich morgens noch müde mit der U-Bahn oder im Bus zur Arbeit quälen, können Sie sich ganz unauffällig eine Lichtwellness-Behandlung zukommen lassen, die Ihren Energiepegel für den ganzen Arbeitstag anhebt.

Schon während dieser angenehmen Lichtwellness-Anwendung werden Sie spüren, dass Sie frischer werden und dass das allgemeine Wohlbefinden steigt. Das liegt daran, dass auch die Finger, ähnlich wie die Zehen, in der chinesischen Medizin bestimmten Energieleitbahnen zugeordnet sind, die zu den Organen hinziehen. Der Daumen ist mit beiden Lungenflügeln verbunden, der Zeigefinger mit dem Dickdarm, der Mittelfinger mit dem Kreislaufmeridian, der Ringfinger mit dem Drei-Erwärmer-Meridian und der kleine Finger mit dem Herzen und dem Dünndarm. In der Mitte des Handtellers befindet sich das Lao-Gong-Zentrum, das mit dem Herzkreislaufsystem des Menschen verbunden ist.

Ich empfehle Ihnen daher, diese kleine und wirksame Lichtwellness-Behandlung sogar mehrmals am Tag durchzuführen, besonders dann, wenn Sie abgespannt oder gestresst sind. Selbst wenn Sie sich eine Woche lang nur einmal täglich diese Fingerwellness gegönnt haben, bemerken Sie eine anhaltende Harmonisierung und Vitalisierung des ganzen Körpers. Sie geraten nicht mehr sofort in Stress; Ärger und Belastung klingen schneller wieder ab und Sie fühlen sich rundherum wohl, frisch und ausgeglichen.

Fingerwellness wirkt bei Stress wahre Wunder

Bestrahlung zur Vitalisierung von Körper und Geist

- Nehmen Sie einen kleinen Lichtstift zur Hand und bestrahlen Sie Ihre Finger einzeln für jeweils dreißig Sekunden.
- Bestrahlt werden jeweils die ersten Fingerglieder auf der Handinnenseite.
- Beginnen Sie mit dem Daumen der linken Hand und bestrahlen Sie ihn mit Gelb.
- Es folgt der Zeigefinger, der mit Rot bestrahlt wird.
- Bestrahlen Sie dann den Mittelfinger mit Türkis.
- Bestrahlen Sie den Ringfinger mit Blau.
- Und zuletzt wird der kleine Finger mit Orange bestrahlt.
- Wechseln Sie nun zur rechten Hand über und bestrahlen Sie die Finger in der gleichen Reihenfolge mit den beschriebenen Farben.
- Wenn auch die Finger der rechten Hand ausreichend bestrahlt sind, strahlen Sie noch einmal für zwei Minuten oranges Licht auf die Mitte der Handteller.
- Führen Sie die Behandlung möglichst mehrmals am Tag durch.

Farbdüfte und -bäder

Wellness-Behandlungen sprechen alle Sinne an

Die Wellness-Bewegung hat zum Ziel, dass der Kunde sich wohl fühlt, und zwar nicht nur körperlich, sondern auch seelisch. Sprich, alle Sinne sollen angesprochen werden: Sehen, Hören, Tasten, Riechen und Schmecken. Das Gehör und der Geruchssinn wurden lange Jahre von der Allgemeinheit als nicht so wichtig angesehen. Und das, obwohl man in der Medizin schon lange weiß, dass bestimmte, z.B. in der Jugend wahrgenommene Gerüche und Töne im Gehirn abgespeichert werden. Sie können durch Stimulation, also durch denselben Geruch oder Ton, von dort wieder abgerufen werden und ganze Erinnerungsketten auslösen. Denken Sie nur daran, welche Lieder oder Musikstücke Sie mit bestimmten Zeiten Ihres Lebens oder Ihrer Jugend verbinden. Sobald Sie einen bestimmten Song wieder hören, sind Sie wieder ganz und gar in der Stimmung dieser Zeit, sei sie nun wehmütig oder fröhlich.

Dies ist mit ein Grund dafür, dass in den großen Wellness-Anlagen immer eine sanfte, angenehme Musik ertönt, die unser Nervensystem beruhigen und erfrischen soll. Auch die natürlichen Gerüche, die in Form von ätherischen Ölen verdampft werden, sollen tief in unser Riechhirn eindringen und dort über das limbische System Wohlbefinden und Entspannung auslösen. Wichtig dabei ist, dass diese Öle ohne künstliche Geruchsstoffe hergestellt werden, da solche bei einigen Menschen Übelkeit auslösen können. Bei öffentlichen Wellness-Anlagen kann man sich nicht unbedingt darauf verlassen, denn natürliche Öle sind teuer und schnell verbraucht. Künstliche Aromen sind bedeutend billiger, sie strömen allerdings immer etwas Aufdringliches, zu Intensives aus.

Verwenden Sie nur echte Aromaöle

Ich empfehle Ihnen daher für Ihren persönlichen Gebrauch, immer nur die echten, unverfälschten Aromaöle zu erwerben. Sie brauchen auch nicht Hunderte verschiedene Sorten – ein bis drei Lieblingsdüfte sind genug. Um den gewünschten Duft im Raum zu verteilen, entzünden Sie ein gewöhnliches Teelicht, das unter einer mit Wasser gefüllten Schale brennt. Am besten eignen sich die extra dafür geschaffenen Duftlampen aus Glas oder glasiertem Ton. In das Wasser geben Sie vorsichtig ein paar Tropfen des Duftöls hinein, durch die Erwärmung verteilt sich der Duft dann im ganzen Zimmer.

Natürliche Duftöle sind eine Kostbarkeit. Da sie direkt aus der gepressten Blüte oder Pflanze gewonnen werden, sind auch im Duft Licht und Farbe enthalten. Aus diesem Grund sind Düfte ein sehr ansprechender Teil der Lichtwellness. Ein bis zwei Tropfen eines Öls genügen, damit ein wunderbarer Duft entsteht, der den ganzen Raum ausfüllt, ohne aufdringlich zu wirken. Doch Vorsicht: Verwenden Sie die Substanzen so sparsam wie ein wertvolles Parfüm. Im Folgenden habe ich eine kleine Liste der wichtigsten Aromen nach ihren Grundfarben zusammengestellt:

Weiß	Jasmin, Lilie, Maiglöckchen, Orangenblüte
Rot	Rose, Heckenrose
Orange	Orange, Mandarine
Gelb	Zitrone, Pampelmuse
Grün	Minze, Kiefer, Fichtennadel
Blau	Salbei, Muskatellersalbei
Violett	Lavendel, Veilchen
Braun	Zeder, Zimt

Die Blüten-essenzen haben ganz unter-schiedliche Wirkungen

Schnuppern Sie in einer Apotheke oder im Reformhaus an einer Auswahl dieser Pflanzenextrakte und wählen Sie sich Ihre Lieblingsdüfte aus. Vorsicht, die Essenzen aus den weißen Blüten sind sehr, sehr intensiv! Manche können den Duft von Lilien oder Jasminblüten nicht in geschlossenen Räumen ertragen, und das Duftöl wirkt noch stärker, also bitte sehr sparsam verwenden! Weiß steht für intensive Sinneswahrnehmungen, die weißen Aromen können teilweise sogar betäubend und berauschend wirken. Die roten Blüten stehen für Schönheit, Sanftheit und Liebe. Orange und gelbe Düfte machen wach und wirken aufmunternd. Grüne Aromaöle sind gut für die Atemwege und erfrischen. Der blaue Salbei wirkt desinfizierend und kräftigend. Lavendel entspannt, er beruhigt die Gedanken und lässt uns leichter einschlafen. Zeder und Zimt wirken kräftigend und führen uns mit ihrem würzigen Geruch zur Stabilität zurück.

All diese wunderbaren Aromen sind für uns nur zu Beginn mit dem Geruchssinn wahrnehmbar. Nach fünf Minuten nehmen wir den Geruch nicht mehr wahr, doch die Essenzen wirken immer noch im Riechhirn und im limbischen System weiter.

Farbbäder in Verbindung mit Düften sind besonders wohltuend

Eine wunderbare Ergänzung zu den farbigen Blütenauszügen sind Bäder in farbigem Wasser. Das heißt natürlich nicht, dass ein echter Farbstoff in die Badewanne geschüttet werden soll! Bestrahlen Sie Ihr Badewasser mit der Farbe, die Sie im Moment am meisten anspricht. Verhüllen Sie dazu die Badezimmerlampe mit einem Seidentuch oder einem Seidenpapier in der entsprechenden Farbe. Das Wasser sollte zehn Minuten bestrahlt werden, bevor Sie ins Bad steigen. Um die Wirkung des Farbbades zu intensivieren, fügen Sie zwei bis drei Tropfen des entsprechenden Aromaöls hinzu. So können Sie den Duft mit der ihm zugeordneten Farbe gleich doppelt genießen.

Eine andere Möglichkeit ist es, einen Farbstrahler neben die Wanne zu stellen und das Wasser zu bestrahlen. Wegen der großen Unfallgefahr – die Lampe könnte ins Badewasser fallen – muss die Lampe unbedingt ausgeschaltet und entfernt werden, wenn Sie in die Wanne steigen.

Einige Kosmetikhersteller haben Essenzen kreiert, die das Badewasser leuchtend orange oder grün färben. Auch sie sind mit verschiedenen Düften versetzt und stellen eine interessante Variante dar. Zu empfehlen sind diese Produkte jedoch nur, wenn sie von Herstellern stammen, die darauf achten, dass ausschließlich natürliche Zutaten verwendet werden. Achten Sie unbedingt darauf und lesen Sie sich die Liste der Inhaltsstoffe sehr genau durch. Ihre Haut sollte es Ihnen wert sein.

Für Farbbäder gilt dasselbe wie für Farbbestrahlungen. Sobald Sie sich in einem Farbbad unbehaglich fühlen, frieren oder Herzklopfen bekommen, schalten Sie den Farbstrahler aus und verlassen Sie die Badewanne. Das gilt besonders für die kräftigen Farben Rot, Orange und Gelb. Diese Farben wirken so stark, dass sie nicht zu lange im Wasser verweilen sollten. Auch die Badetemperatur darf nicht zu heiß sein, denn sonst addiert sich die Wirkung des heißen Wassers und der heißen Farbe!

Halten Sie Bäder in Rot, Orange und Gelb eher kurz

Es gibt Saunen, die mit einem rotierenden Farblicht ausgestattet sind. Diese Lampen sind allerdings so geschaltet, dass jeweils nach ein paar Sekunden die Farbe wechselt und keine negative – gleichzeitig aber auch keine positive – Wirkung eintreten kann.

Lichtwellness – innere Anwendungen

Im ersten Augenblick möchte man fragen, wie soll denn das funktionieren? Lichtwellness von innen, soll ich etwa eine Glühbirne verschlucken? Die Beantwortung dieser Fragen führt uns zur Definition von Farbe zurück: Farbe ist nichts anderes als Licht in einer bestimmten Wellenlänge, und das gilt für alle Farben und alle farbigen Dinge. Umgekehrt bedeutet dies, dass in allen farbigen Dingen auch immer Licht ist. Und darüber lohnt es sich wirklich einmal, mit allen möglichen Konsequenzen nachzudenken. Letztlich bedeutet dies nämlich auch, dass wir mit einem Großteil unserer Ernährung gewisse Qualitäten und Quantitäten von Licht zu uns nehmen. Besonders eindeutig ist es natürlich bei Gemüsen und Früchten, die ja alle farbig sind.

Über unsere Ernährung nehmen wir auch Licht zu uns

In Europa galt das Wissen um diese Dinge lange Zeit als heilsam und wichtig. Im Mittelalter lehrte der Arzt Paracelsus in seiner so genannten Signaturenlehre, welche Bedeutung die Farben und das Aussehen von Pflanzen für unsere Gesundheit haben können. Doch diese Zeiten sind einige hundert Jahre her! Wenn wir heute einen Blick ins Werbefernsehen werfen, so erkennen wir, dass kaum für etwas natürlich Gewachsenes, wie einen Apfel oder eine Tomate, geworben wird. Werbung preist immer nur unnatürliche, aufgeschäumte, mit was auch immer angereicherte oder sonstwie verfremdete Dinge an, die zwar »Lebensmittel« genannt werden, allerdings nur aus toten, gefriergetrockneten, gepulverten oder gefrosteten Bestandteilen zusammengesetzt sind. Aus diesem Grund antwortete der berühmte Naturarzt und Ernährungswissenschaftler Dr. Brugger auf die Frage, was der Mensch denn essen sollte: »Nichts, wofür Werbung gemacht wird!« An diesen Satz kann sich jeder halten, der sich gesund ernähren möchte. Doch das ist gar nicht so einfach, wie es auf den ersten Blick scheint. Überlegen Sie sich einmal, was dieser Vorsatz in unserer Welt wirklich bedeutet: keine Tütensuppen mehr, kein Puddingpulver, keine Milchprodukte, die mit künstlichen Substanzen »angereichert« sind, keine Soßenpulver, keine Kartoffelchips, keine Wurstwaren oder Getränke, keine fertigen Salatdressings, keine Fertigprodukte und wirklich nur ausnahmsweise Tiefkühlwaren (wobei es ein großer Unterschied ist, ob Sie einfach nur Tiefkühlgemüse ohne weitere Zusätze kaufen oder eben ganze Fertiggerichte mit allen möglichen Fremdzutaten).

Informieren Sie sich, woraus Ihre Lebensmittel wirklich bestehen

Wenn Sie im Supermarkt einkaufen und künstlich veränderte Lebensmittel meiden möchten, dann müssen Sie viel lesen, nämlich all die klein gedruckten Hinweise auf der Verpackung, die die einzelnen Zutaten auflisten.

Haben Sie sich einmal Gedanken darüber gemacht, worum in so vielen Nahrungsmitteln Natriumglutamat enthalten ist? Natriumglutamat ist ein Salz, das den Eigengeschmack der Speisen verstärkt, deshalb wird es auch Geschmacksverstärker genannt. In Japan und Singapur nennt man es Achiromoto und es ist kaum möglich, in einem Restaurant ein Essen ohne diese künstliche Zutat zu bekommen. Ursprünglich wurde es nur in der japanischen und chinesischen Küche verwendet, denn man brauchte nur ein paar Fasern Fleisch in das Essen zu geben und das hinzugefügte Natriumglutamat verstärkte den Eigengeschmack derartig, dass die ganze Speise kräftig nach Fleisch schmeckte. Außerdem bekamen die Gerichte ein glänzendes Aussehen. Dies trug zur Beliebtheit von Natriumglutamat bei, da viele Asiaten es lieben und als attraktiv einstufen, wenn das Gemüse, Fleisch und andere Zutaten so appetitlich frisch aussehen.

Die Kehrseite der Medaille ist, dass Natriumglutamat wirklich sehr dick macht und den Körper aufgedunsen aussehen lässt – besonders der Stoffwechsel von Europäern reagiert sehr empfindlich darauf. Es speichert enorme Mengen Wasser im Gewebe, das nur ganz langsam wieder ausgeschieden werden kann. Falls der Geschmacksverstärker täglich zu sich genommen wird, kann es Monate dauern, bis das aufgedunsene Aussehen wieder zurückgeht. Außerdem riecht der Körper immer unangenehm muffig, trotz Dusche und aller Reinlichkeitsmaßnahmen. Bei längerem Gebrauch vergrößern sich die Poren der Gesichtshaut und die Haare werden dünn und fettig. Alles in allem ist der Geschmacksverstärker Natriumglutamat also gewiss kein Schönheitsmittel, sondern eher ein Schönheitskiller! Von den Auswirkungen auf die Gesundheit ganz zu schweigen. Viele Menschen leiden unter einer Natriumglutamat-Unverträglichkeit, sie fühlen sich nach dem Essen aufgedunsen und haben das Gefühl, dass die Nahrung stundenlang wie Blei im Magen liegt. Werden Glutamat und Alkohol gleichzeitig genossen, kann es außerdem zu den besonders heftigen Symptomen kommen, die als »Chinarestaurantsyndrom« gelegentlich in den Medien diskutiert werden: Kopfschmerzen, Übelkeit und Hautausschläge.

Natriumglutamat lässt Ihren Körper aufgedunsen erscheinen

Besonders schlimm sind die Auswirkungen des Glutamats auch für unser natürliches Geschmacksempfinden. Viele Menschen wissen gar nicht mehr, wie gut ein normales Essen schmeckt – entsetzlich fade, wie sie meinen, da sie an den starken Geschmack der Glutamat-verseuchten Nahrungsmittel gewöhnt sind.

Glutamat schädigt das Geschmacksempfinden

Ein ähnliches Problem sind die künstlichen Aromastoffe, die wir ebenfalls in sehr vielen Nahrungsmitteln finden. Haben Sie schon einmal eine dieser verlockenden und wunderbar aufgemachten Teepackungen, die sich auf Natur, Gesundheit und Wellness mit einem Schuss Exotik beziehen, gekauft? Tun Sie's nicht, bevor Sie nicht die Inhaltsstoffe kontrolliert haben. Im Maracuja-Banane-Tee, im Kiwi-Mango-Tee, im Kakao-Vanille-Tee, im Ayurveda-Relaxing-Tee – um nur eine kleine Auswahl zu nennen – steht neben den anderen Zutaten überall die eine aufgelistet, die mich die attraktive Packung sofort wieder ins Regal zurücklegen lässt: künstliche Aromen oder naturidentische Aromastoffe. Sie werden sich richtig schwer tun, einen Tee ohne diese Zusätze zu finden!

Inhaltsstoffe immer kontrollieren

Vielen Menschen wird von künstlichen Aromastoffen geradezu übel. Hinzu kommt, dass eine stattliche Anzahl von Frauen eine genetisch bedingte Aromatasestörung hat. Es ist nicht möglich, einen solchen Gendefekt wegzutherapieren, da helfen auch Medikamente nicht weiter. Da hilft nur eins: Aromastoffe meiden, die sich sonst im Körper so aggressiv verhalten können, dass verschiedene Karzinomarten, wie z.B. Brustkrebs, entstehen können.

Diese künstlichen und dem menschlichen Körper unzuträglichen Zutaten wären alle nicht nötig, denn wir haben in der Natur so viele natürliche Aromen und Gewürze, wie z.B. Vanillemark, Orangenschalen, Zimt, Rosmarin oder Zitronengras, um nur einige zu nennen. Die Wirkung dieser natürlichen Pflanzen und Früchte besteht neben den chemischen und mineralischen Inhaltsstoffen darin, dass sie die Kraft des Lichts und der Farbe in sich tragen und an uns weitergeben. Und darin besteht das Geheimnis der Lichtwellness von innen.

Natürliche Aromen tragen die Kraft des Lichts in sich

Dies gilt jedoch nicht nur für Obst und Gemüse. Auch die zwölf biochemischen Blutzellsalze, die der Allgemeinheit unter dem Namen Schüßlersalze bekannt sind, enthalten Licht und Farbe. Wenn die Schüßlersalze in Verbindung mit Farben eingenommen werden, intensiviert sich ihre Wirkung im Körper.
Außerdem können wir ganz gezielt farbiges Licht als Lichtgetränk zu uns nehmen. Indem wir Wasser mit den Farbfolien bestrahlen, haben wir einen »Zaubertrank« für Gesundheit, Wohlbefinden und Schönheit in unserer Hausapotheke parat.
All diese Anwendungsmöglichkeiten werde ich im folgenden Kapitel ausführlich erklären.

Farbgetränke

Lichtwellness kann man trinken

Ein Glas frisch gepresster Orangen- oder Karottensaft vermittelt schon allein durch seine Farbe das Gefühl von Frische und Gesundheit. Bei seinem Anblick kann jeder verstehen, dass man Lichtwellness auch trinken kann. Oder stellen Sie sich ein Glas Rote-Bete-Saft vor: Das tiefe Purpurrot des Getränks signalisiert, dass durch diese kräftige Farbe dem Körper auch viel Kraft zugeführt und das Blut gestärkt wird. Unsere Obst- und Gemüsesorten weisen durch ihre meist strahlenden Farben auf eine Extraportion an Gesundheit und Frische hin.

Eine weitere sehr vielseitige Methode, Getränke mit Farbe anzureichern, besteht darin, dass farbige Filter auf ein Gefäß mit Quellwasser gelegt werden. Nehmen Sie dazu eine große Porzellantasse, die innen weiß ist, und füllen Sie sie mit dem Wasser. Es ist wichtig, ein Porzellangefäß zu benutzen, da es undurchsichtig ist. Bei einem Glas würde das farbige Licht größtenteils wieder nach außen abfließen und die Wirkung des Farbgetränks wäre dadurch viel schwächer. Legen Sie dann eine Farbfolie Ihrer Wahl auf die Tasse, Sie können auch ein durchsichtiges, farbiges Papier oder ein Stückchen farbige Seide hernehmen, wichtig ist nur, dass die Auflage wirklich durchscheinend ist, damit das Licht durch sie ins Wasser fallen kann. Lassen Sie dieses Arrangement eine halbe Stunde lang im Tageslicht stehen; am besten auf dem Fensterbrett oder im Freien, z.B. auf dem Balkon. Sonnenlicht verstärkt die Wirkung, ist allerdings in unseren Breiten nicht immer verfügbar.

Anschließend nehmen Sie den Filter von der Tasse und trinken das farbbestrahlte Wasser innerhalb von zehn Minuten in kleinen Schlucken aus. Damit der Körper die reine Farbe gut aufnehmen kann, ist es wichtig, dabei nicht zu rauchen und nicht gleichzeitig einen Kaugummi oder ein Bonbon im Mund zu haben! Beides beeinflusst nämlich den Stoffwechsel der Mundschleimhaut. Damit das Lichtwellness-Getränk richtig wirken kann, muss die Mundschleimhaut jedoch frei von Fremdeinwirkungen sein, denn das Farblicht wird zuerst von der Schleimhaut aufgenommen und dann über die Lymphbahnen im Körper verteilt.

Verzichten Sie auf geschmackliche Fremdeinwirkungen, um die Wirkung des Farbgetränks nicht zu beeinträchtigen

Für Getränke eignen sich alle Farben. Wählen Sie die Farbe entsprechend der Wirkung, die Sie erzielen möchten, aus. Sie können sich dazu am Kapital »Die Bedeutung der Heilfarben« orientieren«. Rotfarbige Getränke sollten nur in Maßen, d.h. höchstens ein bis zwei Tassen täglich, schluckweise getrunken werden. Und das auch nur etwa drei Tage hintereinander oder zwei- bis dreimal pro Woche. Als Dauergetränk eignen sich vor allem die Farben Grün und Lindgrün. Diese können Sie wirklich jeden Tag zu sich nehmen, um Ihrer Gesundheit auf die Sprünge zu helfen. Grün dient der Gesunderhaltung im Allgemeinen und der Regeneration, Lindgrün entgiftet auf allen Ebenen.

> **Farbgetränke zubereiten**
>
> - Füllen Sie eine große Porzellantasse mit Quellwasser.
> - Bedecken Sie die Tasse mit einer Folie, einem Papier oder einem Stückchen Seide in der Farbe Ihrer Wahl und lassen Sie sie eine halbe Stunde im Tageslicht ruhen.
> - Trinken Sie die Flüssigkeit innerhalb von zehn Minuten in kleinen Schlucken aus.

Falls Ihnen eine Tasse dieses Farblichtgetränks zu wenig ist, können Sie sich auch eine ganze Flasche davon zubereiten. Dazu nehmen Sie ein größeres Stück Folie, Seide oder Papier (in jedem Falle durchscheinend) und umwickeln eine Wasserflasche damit. Diese Flasche können Sie bei Tageslicht stehen lassen und immer wieder auffüllen.

Schüßlersalze

Die Behandlungsmethode mit Mineralsalzen geht auf den deutschen Arzt Dr. med. W.H. Schüßler zurück, der von 1821 bis 1898 lebte. Er erkannte schon vor über einhundert Jahren, dass viele Krankheiten ihre Ursache darin haben, dass die biochemischen Zellsalze nicht in der richtigen Menge und nicht an den richtigen Orten im menschlichen Körper verteilt sind. Dies bedeutet, dass die Mineralstoffe durch verschiedene Blockaden oder weil sie der Körper nicht aus der Nah-

Die richtige Verteilung der biochemischen Zellsalze ist für das Wohlbefinden entscheidend

Die Schüßler-Salze setzen die Mineralstoffverteilung in Gang

rung aufnehmen kann nicht in die Bereiche des Organismus gelangen, in denen sie dringend zum Funktionieren von Organen, Muskeln, Zellsystemen und Nerven gebraucht werden. Schüßler war der Ansicht, dass die Mineralsalze ideal für die Behandlung solcher Störungen sind. Sie setzen die Mineralstoffverteilung im Körper in Gang, sodass sie wieder in der richtigen Menge an den richtigen Ort gelangen – und der Mensch sich wieder wohl fühlt.

Die Biochemie, zu der dieser Erkenntnisbereich zählt, hat eine überschaubare Anzahl von zwölf Salzen. Sie sind in Tablettenform gepresst, werden gelutscht und lösen sich schnell im Mund auf. Darüber hinaus sind sie preiswerte Heilmittel und in jeder Apotheke rezeptfrei zu erwerben. Genauere Informationen und sehr brauchbare Broschüren können vom Biochemischen Bund Deutschlands e.V. angefordert werden.

Es folgt eine Aufstellung der zwölf biochemischen Schüßlersalze:

Die Schüßlersalze

Nr. 1:	Calcium fluoricum D12
Nr. 2:	Calcium phosphoricum D6
Nr. 3:	Ferrum phosphoricum D12
Nr. 4:	Kalium chloratum D6
Nr. 5:	Kalium phosphoricum D6
Nr. 6:	Kalium sulfuricum D6
Nr. 7:	Magnesium phosphoricum D6
Nr. 8:	Natrium chloratum D6
Nr. 9:	Natrium phosphoricum D6
Nr. 10:	Natrium sulfuricum D6
Nr. 11:	Silicea D12
Nr. 12:	Calcium sulfuricum D6

Die Buchstaben-Zahlen-Kombination hinter jedem Mittel zeigt an, wie das Mittel dynamisiert oder energetisiert ist. D6 oder D12 bedeutet nicht, dass das Mittel sechs- oder zwölfmal verdünnt ist. Die meisten Menschen glauben tatsächlich, dass homöopathische und biochemische Mittel chemisch verdünnte Arzneien sind. Dann wird oft das Beispiel gebracht, dass Homöopathie nichts anderes sei als ein Tropfen Medizin im Bodensee – und daher könne sie auch nicht heilen. Die Ziffer nach dem Mittelnamen bedeutet aber eine physikalisch erzeugte Dynamisierung, die die Wirkung des jeweiligen Medikaments verstärkt und ausdehnt. Bedeutende Biochemiker empfehlen, die Salze Calcium fluoricum, Ferrum phosphoricum und Silicea nur in D12 zu sich zu nehmen und alle anderen in D6.

Wie schon erwähnt, entdeckte der indische Arzt Dr. Dinshah Ghadiali, dass bestimmte chemische Stoffe eng mit der Wirkung von Farben verbunden sind, und erstellte eine Liste, aus der hervorgeht, welche Farben den jeweiligen Elementen – zu denen auch die biochemischen Zellsalze gehören – entsprechen. Dies bedeutet, dass Farbe den Körper dabei unterstützt, die entsprechenden Mineralsalze leichter aus der Nahrung aufzunehmen und zu speichern. Lichtwellness fördert auf diese Art und Weise die gesunden biochemischen Vorgänge im ganzen Körper.

Farbe erleichtert die Aufnahme von Mineralsalzen

Auf den folgenden Seiten finden Sie eine Aufstellung der Schüßlersalze, ihres Wirkungsfeldes und der korrespondierenden Farben, die die Wirkung der Salze verstärken.

Nr. 1: *Calcium fluoricum*
Das Salz für Bindegewebe, Gelenke und Haut

Mittel für das Binde- und Stützgewebe; hilft bei Organsenkungen, Hämorrhoiden, Venen- und Bindegewebsschwäche, Verhärtung von Sehnen und Narben sowie Hornhaut an den Füßen; bietet Schutz vor radioaktiven Strahlen.

Türkis	strafft das Gewebe;
Indigo	zieht aufgequollenes Gewebe zusammen;
Rot	neutralisiert die Folgen radioaktiver Bestrahlung;
Lindgrün	macht verhärtetes Gewebe wieder weich.

Nr. 2: *Calcium phosphoricum*
Das Salz für Knochen und Zähne

Aufbau- und Kräftigungsmittel bei Knochenbrüchen, schwacher Knochensubstanz und Rachitis; für alle schnell wachsenden Kinder; unterstützt die Rekonvaleszenz.

Orange und Lindgrün	zur Kräftigung und zum Aufbau der Knochen.

Nr. 3: *Ferrum phosphoricum*
Das Salz des Immunsystems

Hauptmittel bei allen akuten Entzündungen, Fieber, Sauerstoffmangel und Asthma.

Blau	bei Sauerstoffmangel und akuten Entzündungen;
Indigo	bei entzündlichen Schleimhautschwellungen (Nebenhöhlenentzündung);
Scharlach	um die Venen zu tonisieren und den Blutdruck zu erhöhen.

Nr. 4: *Kalium chloratum*
Das Salz für die Schleimhäute

Hauptmittel bei Entzündungen im zweiten Stadium, Angina, Bronchitis, Ohrenentzündung usw.

Grün	lindert chronische Entzündungen;
Indigo	wirkt adstringierend bei Entzündungen;
Lindgrün	zur Ausscheidung von entzündlichen Stoffwechselprodukten;
Violett	bei septischen Prozessen und zur Schmerzstillung;
Magenta	um den Kreislauf zu stabilisieren.

Nr. 5: *Kalium phosphoricum*
Das Salz für Nerven und Psyche

Mittel bei Erschöpfung, Nervenschwäche, allgemeinen Schwächezuständen und Übererregbarkeit infolge von Nervenschwäche.

Grün	zur Entspannung und Heilung;
Rot und Scharlach	um die Kräfte anzuregen und das Blut aufzubauen;
Purpur	zur Entspannung;
Magenta	stabilisiert den Kreislauf.

Nr. 6: *Kalium sulfuricum*
Das Salz zur Entgiftung

Hauptmittel bei chronischen Entzündungen mit eitrigen Absonderungen und Nebenhöhlenentzündung; zur Abheilung und Entgiftung bei chronischen Schleimhautkatarrhen.

Lindgrün	regt Entgiftung und Ausscheidung an;
Orange	um Eiterherde zu öffnen;
Grün	zur Heilung;
Magenta	um den Kreislauf zu stabilisieren.

Nr. 7: *Magnesium phosphoricum*
Das Salz gegen Krämpfe und Schmerzen

Mittel bei schmerzhaften Krämpfen und Nervenschmerzen aller Art, Trigeminusneuralgie, Wadenkrämpfen, Herzbeschwerden, Migräne und einem empfindlichen Nerven- und Gefäßsystem.

Orange	entspannt die Nerven und Muskeln;
Magenta	stabilisiert und beruhigt den Kreislauf;
Purpur	stillt Schmerzen;
Indigo	stillt Schmerzen, die nicht auf Purpur ansprechen.

Nr. 8: *Natrium chloratum*
Das Salz für den Flüssigkeitshaushalt

Wichtigstes Mittel zur Aufrechterhaltung des Säure-Basen-Gleichgewichts; reguliert den Wasserhaushalt; hilft bei Herzschwäche.

Grün	zum Ausgleich;
Lindgrün	zur Anregung der Ausscheidungen;
Magenta	stabilisiert das Herz-Kreislauf-System.

Nr. 9: *Natrium phosphoricum*
Das Salz für den Stoffwechsel

Mittel bei Beschwerden durch zu viel Säure im Körper, Muskelkater, Sodbrennen, Magenübersäuerung, Blähungen und Gicht.

Lindgrün	zur Anregung der Ausscheidungen;
Blau	bei Entzündungen;
Grün	zur allgemeinen Heilung.

Nr. 10: *Natrium sulfuricum*
Das Salz für die Ausscheidung

Mittel bei Verstopfung, Durchfall, Blähungen, Gelenkbeschwerden und Erkältung mit gelb-grünlichen Sekreten.

Lindgrün	zur Anregung der Ausscheidungen;
Grün	als allgemeine Heilfarbe;
Blau	bei entzündlicher Röte;
Purpur	tonisiert die erweiterten Venen;
Indigo	bei Durchfall.

Nr. 11: *Silicea*
Das Salz für Haut, Haare und Bindegewebe

Mittel bei schlechter Heilhaut, Fisteln, Eiterungen, wie z.B. Nagelbettentzündungen; hilft, wenn Haare und Nägel schlecht wachsen und sehr dünn und brüchig sind.

Orange	bei eitrigen Entzündungen, zieht den Eiter heraus;
Lindgrün	fördert die Bildung neuen Gewebes, regt das Wachstum von Haaren und Nägeln an;
Rot, Magenta und Scharlach	bauen das Blut auf, regen den Kreislauf an und wirken der allgemeinen Schwäche entgegen.

Nr. 12: *Calcium sulfuricum*
Das Salz für die Gelenke

Mittel bei Wachstumsstörungen der Knochen, chronischem Gelenkrheuma, chronischem Schnupfen und Hauteiterungen.

Blau	bei Gelenkentzündungen;
Grün	als allgemeine Heilfarbe bei Entzündungen jeder Art;
Lindgrün	bei Wachstumsstörungen der Knochen;
Orange	baut Eiterungen ab.

Diese Angaben helfen Ihnen dabei, sich die Farbe auszusuchen, deren Wirkung Sie mit dem jeweiligen Zellsalz erreichen möchten. Die Anwendung erfolgt ähnlich der Behandlung mit Farbgetränken.

Lichtwellness in Verbindung mit Schüßlersalzen

- Wählen Sie die Farbe aus, die für Ihre Symptome passend erscheint.
- Geben Sie sechs Tabletten des gewählten Zellsalzes in eine weiße Porzellantasse und füllen Sie sie mit reinem Quellwasser auf. (Bitte verwenden Sie kein Mineralwasser, die zugegebene Kohlensäure und andere Stoffe stören oder verhindern die Wirkung der biochemischen Mittel!)
- Rühren Sie die Flüssigkeit so lange mit einem Plastik- oder Holzlöffel um, bis sich die Tabletten aufgelöst haben. (Verwenden Sie keine Metalllöffel, da dadurch die Wirkung gestört werden kann!)
- Legen Sie nun die entsprechende Farbfolie auf die Tasse und lassen Sie sie eine halbe Stunde lang bei Tageslicht stehen.
- Trinken Sie das Wasser langsam und schluckweise, damit sowohl das biochemische Salz als auch die verstärkende Farbe vollkommen von der Mundschleimhaut aufgenommen werden kann.
- Ein Schüßlersalz-Farbtrunk pro Tag genügt. Trinken Sie sechs Wochen lang täglich eine Tasse.

Sie können auch mehrere Salze anteilmäßig mischen. Stellen Sie sich einfach die für Sie passenden biochemischen Zellsalze zusammen. Achten Sie allerdings darauf, dass maximal zehn Tabletten in einer Tasse Wasser aufgelöst werden. Wenn Sie mehrere Farben mischen, entfällt allerdings die Behandlung mit der Farbe.
Falls Sie selbst ganz gesund sind und etwas dafür tun möchten, dass dies auch möglichst lange so bleibt, machen Sie eine biochemische Kur:

Kur mit Schüßlersalzen

- Trinken Sie jeden Tag vier in Wasser aufgelöste Mineraltabletten, die wie zuvor geschildert mit dem passenden Farbfilter abgedeckt wurden.
- Beginnen Sie mit dem ersten Zellsalz Calcium fluoricum, am nächsten Tag wechseln Sie zu Calcium phosphoricum, usw., bis Sie alle zwölf Salze einmal eingenommen haben.
- Beginnen Sie dann wieder von vorne und folgen Sie diesem Programm vier Wochen lang.

Die Kur mit Schüßlersalzen empfiehlt sich besonders für das Frühjahr und den Herbst

Besonders günstig wirkt es sich aus, wenn Sie diese Lichtwellness-Kur im Frühjahr und im Herbst durchführen. Im Frühling kann der Körper mit Hilfe von Biochemie und Farblicht alle Abfall- und Schlackenstoffe, die sich im Winter angesammelt haben, ausscheiden und beschädigte Zellen können repariert werden. Im Herbst wird der Körper auf die Winterzeit vorbereitet und das Immunsystem wird in Schwung gebracht, damit Erkältungskrankheiten keine Chance mehr haben.

Die Fünf Elemente

Die meisten Menschen denken, wenn sie den Begriff »chinesische Medizin« hören, an die Therapie mit den Nadeln, die Akupunktur. Diese Form der Behandlung hat es im letzten Jahrzehnt zu einem ungeheuren Bekanntheitsgrad in allen Bevölkerungsschichten gebracht und eine große Akzeptanz im Westen erfahren.

Die Akupunktur basiert auf einer sehr differenzierten Energielehre, die dem Akupunkteur genau sagt, wie er die Energieströme des Kranken so lenken kann, dass er wieder gesund wird. Diese Lebensenergie, die im menschlichen Körper kreist, ist auch in der gesamten Natur zu finden und wird »Qi« genannt. Wenn der Energiefluss blockiert oder behindert ist, kommt es zu Beschwerden.

Wenn der Energiefluss blockiert ist, entstehen Beschwerden

Die chinesische Medizin ist also eine zutiefst energetische Medizin und nur so zu verstehen. Für jede weitere Behandlung muss erst festgestellt werden, wo die Energie im Körper des Patienten blockiert ist. Dabei wird unter anderem zwischen zu viel Qi, zu wenig Qi und stagnierendem Qi unterschieden.

Das allumfassende Symbol der chinesischen Energielehre ist im Westen weitgehend bekannt. Es wird zu dekorativen Artikeln, wie Kerzen oder Schmuckstücken verarbeitet, es ziert T-Shirts und Sticker – doch nur sehr wenige Menschen wissen, was es wirklich bedeutet! Ich spreche hier vom so genannten Yin-Yang-Symbol, das auch Fischblase genannt wird.

Nur in dieser Form ist das Yin-Yang-Symbol richtig wiedergegeben.

In diesem Symbol sind die beiden Kräfte, die das ganze Universum – und damit auch unseren Körper – in einem ewigen Kreislauf immer neu durchströmen, dargestellt: Yin und Yang.

YIN	YANG
weiblich;	männlich;
kalt;	warm;
dunkel;	hell;
Nacht;	Tag;
schwarz;	weiß;
unten;	oben;
Feuchtigkeit;	Trockenheit;
langsam;	schnell;
Körpervorderseite;	Körperrückseite;
Körperinnenseiten;	Körperaußenseiten;
alle Körperteile unterhalb des Nabels.	alle Körperteile oberhalb des Nabels.

Dies sind einige der wichtigsten Eigenschaften von Yin und Yang. Beim Betrachten des Symbols fällt auf, dass im schwarzen Yin-Teil der Fischblase ein weißer Punkt ist und im weißen Yang-Teil ein schwarzer Punkt. Das bedeutet, dass in jeder der beiden Energien immer ein kleiner Teil der gegensätzlichen Energie enthalten ist. Es gibt kein absolutes Yin und kein absolutes Yang, denn das wäre der Tod. Alles im Universum verändert sich, kein Moment gleicht dem anderen und alles ist in einem dynamischen Wandel. »Alles fließt«, wie es schon das geflügelte Wort des griechischen Philosophen Heraklit besagt. Und so kann der weiße Yang-Punkt im schwarzen Yin wachsen und sich vergrößern, so lange bis aus dem Yin ein Yang geworden ist.

Alles fließt

Wer sich mit dieser philosophischen Betrachtung schwer tut, braucht bloß an den ständigen Wechsel von Tag und Nacht zu denken, um besser verstehen zu können. In der Mitte der Nacht, wenn es am finstersten ist, haben wir das große Yin. Es ist dunkel, kalt und feucht. Je mehr die Zeit jedoch fortschreitet, desto mehr schwindet das Yin und macht schließlich dem wachsenden Yang in der Morgendämmerung Platz. Jetzt ergreift das strahlende Yang die Oberhand, um zur Mittagszeit seine Hochphase zu erleben und dann wieder ganz langsam über die Nachmittagsstunden in die Abenddämmerung hineinzusinken, um dem Yin Platz zu machen. Und dieser ewige Kreislauf geht immer so fort. Dies alles und noch viel mehr ist in dem Zeichen der Fischblase enthalten, eine ganze Philosophie und eine Erklärung der Welt. Denn so wie Yin und Yang sich im Tag-und-Nacht-Rhythmus abwechseln, so wandeln sie auch im menschlichen Körper in ständigem Fluss all seine Funktionen.

Daher wird in der chinesischen Medizin – ganz im Gegensatz zu den Ansichten im Westen – jede Gesundheitsstörung als Störung des richtigen Energieflusses betrachtet.

Der Kreislauf der Fünf Elemente

Die Lehre von den Fünf Elementen oder Fünf Wandlungsphasen gehört – auch für den Laien – zu einer der interessantesten Theorien der fernöstlichen Medizin. Darüber hinaus ist sie spannend und geradezu unterhaltsam, wenn wir sie nur ein wenig begriffen haben. Denn die Lehre der Fünf Elemente lässt sich auf unsere Gefühle, auf unsere Gesundheit und unsere Nahrungsmittel anwenden, und zwar so, dass wir Störungen mit Hilfe des richtigen Elements ausgleichen können. Sie mögen sich fragen: »Wieso fünf Elemente?« Im Westen kennen wir schließlich nur vier davon, und zwar Erde, Feuer, Wasser und Luft. Im Chinesischen ist das anders! Das Luftelement, im Westen auch Äther genannt, ist in China schon durch den Begriff des Qi abgedeckt. Die Elemente Feuer, Erde und Wasser sind auch im Chinesischen bekannt, dazu kommen noch zwei bei uns unbekannte Größen, nämlich das Holz und das Metall, die sich als sehr sinnvolle Ergänzungen in Bezug auf die Gesundheit erweisen.

Gesundheitliche und seelische Störungen lassen sich durch die Elemente ausgleichen

Im folgenden Abschnitt möchte ich dieses interessante Kapitel der chinesischen Energielehre schildern und besonders im Hinblick auf Lichtwellness auch für westliche Menschen anwendbar machen. Sie werden sehen, wie angenehm und nützlich dieses Wissen für uns sein kann. Da uns dieses Thema nur im Rahmen der Lichtwellness interessiert, kann ich die komplexe und sehr umfangreiche Lehre leider nicht vollständig wiedergeben. Falls Sie mehr darüber wissen möchten, finden Sie im Anhang einige Literaturhinweise.
Wie Yin und Yang stehen sich auch die Fünf Elemente

nicht statisch gegenüber, sondern folgen einem ständigen energetischen Kreislauf. Sie fördern und unterstützen sich, wenn sie in der richtigen Reihenfolge aufgestellt sind. Ist die Reihenfolge jedoch durcheinander geraten oder die Energie an irgendeiner Stelle blockiert, dann ist es aus mit der Harmonie; statt sich zu unterstützen, können sie sich dann sogar zerstören. Und so wird aus dem fördernden Kreislauf ein destruktiver Kreislauf, der sich schädlich auf den Körper und die Organe auswirkt. Daher ist es bei der Anwendung der Lehre von den Fünf Elementen wichtig, darauf zu achten, auch tatsächlich in den Förderkreislauf einzutreten. Dazu müssen wir uns zuerst mit der richtigen Reihenfolge und den Eigenschaften der Elemente vertraut machen.

Die richtige Reihenfolge ist für den Erhalt der Harmonie unverzichtbar

1. Das Element Holz

- Das Element Holz ist dem Frühling zugeordnet und steht für Wachstum, Frische und den Morgen.
- Es hat die Farbe Grün.
- Seine Geschmacksrichtung ist sauer und frisch.
- Ihm entsprechen die Organe Leber und Gallenblase.
- Die positive Emotion ist Ausgeglichenheit.
- Die schädliche Emotion ist Zorn.

2. Das Element Feuer

- Das Element Feuer symbolisiert den Sommer mit seiner großen Hitze und den Mittag.
- Es hat die Farbe Rot.
- Seine Geschmacksrichtung ist bitter.
- Ihm entsprechen die Organe Herz und Dünndarm sowie der Kreislauf und der so genannte Drei-Erwärmer. Letzterer sorgt dafür, dass alle Körperebenen mit der gleichen Lebendigkeit versorgt werden.
- Die positiven Emotionen sind Liebe und Geduld.

- Die schädliche Emotion ist übermäßige Freude und Hast.

3. Das Element Erde

- Das Element Erde steht für den Spätsommer, die Zeit der Ernte und den Nachmittag.
- Es hat die Farbe Gelb.
- Seine Geschmacksrichtung ist süß.
- Ihm entsprechen die Organe Magen, Milz und Bauchspeicheldrüse.
- Die positive Emotion ist Ausgeglichenheit.
- Die negative Emotion ist Sorge.

4. Das Element Metall

- Das Element Metall symbolisiert die Herbstzeit, die Zeit des Rückzugs und den Abend.
- Es hat die Farbe Weiß.
- Seine Geschmacksrichtung ist scharf.
- Ihm entsprechen die Organe Lunge und Dickdarm.
- Die positive Emotion ist Mut.
- Die negative Emotion ist Trauer.

5. Das Element Wasser

- Das Element Wasser symbolisiert den Winter, die Starre und die Stille sowie die Nacht.
- Es hat die Farbe Dunkelblau.
- Seine Geschmacksrichtung ist salzig.
- Ihm entsprechen die Organe Blase und Niere.
- Die positive Emotion ist Gelassenheit.
- Die negative Emotion ist Angst.

Die Fünf Elemente stehen also nicht nur für Organe, Jahreszeiten und Farben, sondern sie zeigen auch an, welche seelischen Zustände entstehen, wenn eines davon in einem Ungleichgewicht ist.

Menschen kann man das Element, das in ihnen vorherrscht, ansehen

Im Gegenzug kann man einem Menschen auch äußerlich ansehen, welches Element in ihm die Oberhand hat. Die Art der Haut, die Körperhaltung, seine Bewegungen, die Sprache und natürlich auch seine vorherrschende Stimmung geben ein ziemlich genaues Bild seines Elements. Es ist ein unterhaltsames und zudem lehrreiches Spiel, in einer Gruppe einmal die Personen mit Hilfe dieser äußerlichen Anzeichen ihren jeweiligen Elementen zuzuordnen. Wenn z.B. Personen, die vorwiegend Feueranteile in ihrer Struktur haben, alle in eine Reihe gestellt werden, sieht man deutlich ihre Gemeinsamkeiten, wie z.B. eine kerzengerade Haltung, eine lebhafte Mimik und Gestik.

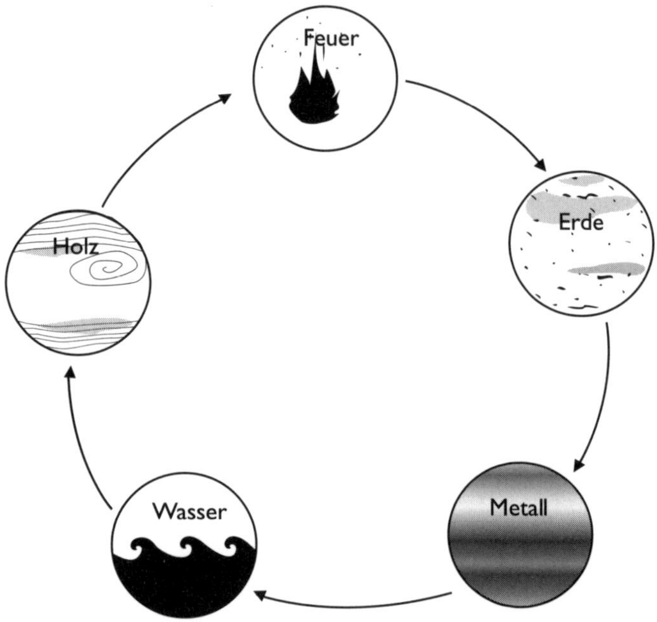

Der Förderkreislauf der fünf Elemente

Den so genannten Förderkreislauf der Elemente kann man sich leicht merken, wenn man sich den Sinn, der dahinter steht, klar macht. Das Element Holz steht an erster Stelle – denken Sie dabei an die Pflanzen und Bäume. Wird das Holz nun verbrannt, dann fördert es das Feuer; ist das Feuer erloschen, so wird es zu Erde; aus dem Schoß der Erde heraus entsteht das Metall (Bergbau) und aus dem Metall (Felsen, die mit Metall durchsetzt sind) entspringt das Wasser; und ohne Wasser kann kein Holz wachsen. Das bedeutet, dass sich die Elemente in genau dieser Reihenfolge fördern und unterstützen.

Nur in der vorgegebenen Reihenfolge wirken die Elemente positiv

Man kann den Spieß allerdings auch umdrehen, dann sieht die Sache ganz anders aus: So wirkt Wasser zerstörend auf das Metall, indem es dieses Element aus der Erde herauswäscht; Metall kann die Erde über metallische Geräte, wie Spaten, Eggen oder Bagger, zerstören; wenn man ein paar Schaufeln Erde auf ein Feuer wirft, so muss es erlöschen; und Wasser wird durch Holz gestört, z.B. durch hölzerne Dämme.

Mit welchem Element bei diesem Zyklus begonnen wird, spielt keine besondere Rolle, wichtig ist nur, dass die innere Reihenfolge eingehalten wird! Denn in der Natur ist es ja auch so, dass nach der Frühlingszeit nicht sofort der Herbst eintritt und auf die Hitze des Sommers nicht der Winter folgt – von einzelnen Temperaturstürzen einmal abgesehen. Vielmehr ist es so, dass auf den Frühling im stets gleichen Ablauf der Jahreszeiten Sommer, Herbst und Winter folgen.

Der Kontrollzyklus der Fünf Elemente

Im vorhergehenden Kapitel haben wir erfahren, wie sich die Fünf Elemente in natürlicher und harmonischer Reihenfolge unterstützen und nähren. Neben diesem Förderzyklus gibt es noch ein weiteres sehr wichtiges Moment, nämlich die Möglichkeit der Kontrolle, wenn z.B. ein Element aus der Bahn geraten ist. Diese Kontrolle ist nichts Negatives, sie gewährleistet lediglich, dass keines der Elemente zu stark wird und dadurch andere unterdrückt. Die Regel, die dem Kontrollzyklus zugrunde liegt, lautet: Ein Element kontrolliert stets das übernächste Element. Das heißt, jedes Element sorgt dafür, dass die nachfolgenden Elemente im Zaum gehalten werden, damit kein Schaden für die Gesundheit entsteht. Dementsprechend kontrolliert Holz Erde, Feuer kontrolliert Metall, Erde kontrolliert Wasser, Metall kontrolliert Holz und Wasser kontrolliert Feuer. Um diese Regel mit praktischen Beispielen zu erläutern, bieten sich folgende Bilder an: Das Bearbeiten der Erde mit einem hölzernen Pflug oder Rechen entspricht der Kontrolle der Erde durch das Holz; Feuer bringt Metall zum Schmelzen; Erde saugt Wasser auf oder verschüttet es; eine Axt oder Säge aus Metall zerteilt das Holz; Wasser löscht Feuer.

Der Kontrollzyklus gewährleistet, dass die Gesundheit nicht gefährdet wird

Wichtig bei dieser Art der Betrachtung ist jedoch, dass die Kontrolle nicht in eine Unterdrückung und somit in eine Schädigung der Organe ausartet. Daher unterliegen die Elemente einem strengen Ablauf:

Das Element **Holz** darf die Erde nur so weit bearbeiten, wie ihre Möglichkeiten, in diesem Fall ihre Fruchtbarkeit, gesteigert werden. Eine zu heftige Bearbeitung zerstört die Erdkruste, bringt zu viele Steine an die Oberfläche und lässt die Erde so austrocknen, dass auf ihr nichts mehr wachsen kann. Eine Übermacht an Hölzernem hindert die Erde daran, ungestört und in Ruhe zu arbeiten.

Personen, die viel von der Ruhe des Erdelements in sich haben, werden auf psychischer Ebene durch die Aktivität des Holzes strukturiert und in Bewegung gesetzt.

Das Holz unterdrückt sie jedoch, wenn es sie daran hindert, ihren Aufgaben in Ruhe nachzugehen.
Durch die Kontrolle des **Feuers** wird das starre Metall zuerst flüssig und dann wird ihm in diesem Zustand eine nützliche oder künstlerische Form gegeben, die dem Metall jedoch vollkommen entspricht, wenn es wieder erkaltet ist. Wenn Feuer das Metall allerdings zu stark kontrolliert und auf diese Weise unterdrückt, schmilzt es und erstarrt zu einer amorphen Masse, die nicht seiner Natur entspricht.
Menschen, die dem Element Metall entsprechen, können wunderbar strukturieren und koordinieren, sie haben einfach den Überblick. Die Kontrolle des Feuers bringt sie da wieder ins Lot, wo sie kleinlich und übergenau werden. Ist das Feuer jedoch zu mächtig, nimmt es einem Metall-Menschen die innere Ruhe und den Überblick, sodass er seine Managementqualitäten nicht mehr in Ruhe einsetzen kann.

Der Ablauf der Elemente unterliegt strengen Regeln

Das Element **Erde** kontrolliert das Wasser. Es sorgt dafür, dass überflüssiges Wasser aufgesaugt wird und den Körper nicht überschwemmt. Wenn die Erde bei anhaltenden Regenfällen nicht das Zuviel an Wasser in sich aufnehmen würde, hätten wir alle bald nasse Füße. Die Kontrolle der Erde artet jedoch in eine Unterdrückung aus, wenn eine Quelle oder ein Wasserlauf zugeschüttet wird, sodass das Element Wasser nicht mehr zum Fließen kommt.
Ein Wasser-Mensch ist sehr gefühlsbetont und er neigt dazu, sich zu verlieren. Durch seine Ängstlichkeit blockiert er sich selbst und stagniert. Das Element Erde versorgt ihn mit der Sicherheit, die er braucht, um angstfrei leben zu können.
Doch durch ein Übermaß an Erde werden seine Qualitäten geradezu verschüttet und gelähmt und der Fluss seiner natürlichen Kreativität ist blockiert.

Ein Gegenstand aus **Metall**, wie z.B. ein Schnitzmesser, darf das Holz nur insoweit kontrollieren, als dass er ihm eine ansprechende oder nützliche Form oder einen künstlerischen Ausdruck verleiht. Übt das Metall – wie eine Kettensäge – zu viel Gewalt aus, dann werden ganze Wälder abgeholzt und sinnlos vernichtet.
Das Metall-Element kann dem lebhaften und gelegentlich unzuverlässigen Holz-Menschen sehr helfen. Durch seine Kontrolle findet das Holz wieder zu seiner Struktur zurück und kann seine Aufgaben wieder bewältigen, ohne sich nach alter Gewohnheit zu verzetteln oder zu überlasten. Ist der Einfluss des Metalls jedoch zu groß, dann wird dem unternehmungslustigen Holz viel von seiner Lebendigkeit und Tatkraft genommen.
Wir alle wissen, dass das Element **Wasser** jedes Feuer löscht. Doch mit diesem Beispiel sind wir schon bei der Unterdrückung des einen Elements durch das andere. Ein Zuviel an Wasser bringt Feuer zum Erlöschen, sodass nur noch verbrannte Asche übrig bleibt. Feuer ist aber auch ein notwendiges Element für unser Leben, es gibt uns Wärme und sorgt dafür, dass wir unsere Speisen kochen können. Im Körper entspricht es dem Herzen. Die rechte Kontrolle des Feuers durch das Wasser wird am besten mit dem Bild eines Sommerregens in Verbindung gebracht, der nach einer Hitzeperiode die willkommene Abkühlung und Feuchtigkeit mit sich bringt.
Der stets lebhafte, begeisterte und aktive Feuer-Mensch braucht dringend etwas Wasser, um sich emotional wieder auf die Erde zu bringen. Seine sprunghaften und wechselnden Ideen und Pläne, die er oft nicht zu Ende bringt, bedürfen der Korrektur. Ein zu großer Wasserschwall lähmt ihn allerdings, nimmt ihm seine Lebendigkeit und sein Charisma und macht ihn müde und ängstlich.

Für die Lichtwellness sind die Farben, die den Fünf Elementen in ihrem Kreislauf zugeordnet sind, besonders wichtig. Wie schon erwähnt, entspricht dem Element Holz die Farbe Grün, dem Element Feuer die Farbe Rot, dem Element Erde die Farbe Gelb, dem Element Metall die Farbe Weiß und dem Element Wasser die Farbe Dunkelblau.

Mit dieser Farbenfolge von Grün, Rot, Gelb, Weiß und Dunkelblau können wir eine regelrechte Farbkur machen und unsere Gesundheit auf vielfältige Art und Weise stärken. Sie können die Anwendungen allerdings auch entsprechend Ihrer persönlichen Probleme auswählen und unabhängig von den übrigen Anwendungen individuell durchführen.

Farbkur zur Stärkung der Gesundheit

Beginnen wir mit dem **Holz**: Wenn wir dieses frühlingshafte Element, das immer mit Wachstum und Frische verbunden ist, in uns stärken möchten, dann brauchen wir die Farbe Grün. Holz entspricht den Organen Leber und Gallenblase. Eine Farbbestrahlung mit grünem Licht, das vornehmlich auf den rechten Oberbauch gerichtet wird, wirkt tatsächlich erfrischend und entlastet die geplagte Leber. Durch viele künstliche Zusatzstoffe in Lebensmitteln, durch zu fettes Essen, aber auch durch Medikamente, Hormone und zu wenig Bewegung werden Leber und Gallenblase so lange belastet, bis sie richtig »voll« sind. Als Folge davon entstehen Übelkeit, Gallensteine und Hämorrhoiden – um nur einige Leiden zu nennen. Dies führt zu Zornesausbrüchen und Wutanfällen. Wir haben es also mit sehr reizbaren Persönlichkeiten zu tun, wenn das Holz-Element überlastet ist.

Holz ist die Farbe Grün zugeordnet

Das Element Holz stärken – die Leber entgiften

- Bestrahlen Sie eine Woche lang das Gebiet der Leber im rechten Oberbauch täglich jeweils eine halbe Stunde mit Grün.
- Die Behandlung des Holz-Elements unterstützen Sie mit einem Glas grünem Wasser, so wie es im Kapitel über Farbgetränke beschrieben ist (siehe S. 107 ff.). So kommt die Entgiftung der Leber schnell voran.

Feuer ist die Farbe Rot zugeordnet

Das Element **Feuer** steht für den Sommer und damit auch für die sommerliche Hitze. Es entspricht den Organen Herz und Dünndarm. Dem Feuer ist die Farbe Rot zugeordnet. Eine Bestrahlung mit rotem Licht auf die Brust ist dazu geeignet, ein schwaches Herz zu stärken. Doch bedenken Sie bitte, dass Rot nur eine kurze Zeit lang aufgestrahlt werden darf, maximal zehn Minuten lang. Auch eine abendliche Beleuchtung mit Rot ist unvorteilhaft, denn dieses Farblicht macht wach und aktiv.

Anders sieht es bei einem überaktiven Herzen aus, wenn Sie z.B. unter Herzrasen, Herzkongestionen oder Atemnot leiden. Eine überaktive Feuer-Energie wird durch das Wasser-Element kontrolliert. Dabei helfen Bestrahlungen mit blauem Licht. Sie beruhigen den überaktiven Herzmuskel und schenken Entspannung. Wenn Sie sich ein Farbgetränk für das Element Feuer herstellen möchten, sollten Sie kein rotes Wasser trinken, die Wirkung kann sehr verstörend sein.

Das Element Feuer stärken – das Herz kräftigen

- Bestrahlen Sie die Brust eine Woche lang täglich für maximal zehn Minuten mit Rot.

– ein überaktives Herz beruhigen

- Bestrahlen Sie die Brust eine Woche lang täglich für eine halbe Stunde mit Blau.
- Die Behandlung des Feuer-Elements unterstützen Sie mit einem Glas grünem Wasser (siehe S. 107 ff.).

Erde ist die Farbe Gelb zugeordnet

Das Element **Erde** steht für den Spätsommer und die Zeit der Ernte, seine Farbe ist Gelb. Die ihm zugeordneten Organe sind Magen und Milz. Gelbes Licht, auf den Magen im Oberbauch gerichtet, kann richtig nährend wirken und die ganze Verdauung wieder in Ordnung bringen. Denken Sie daran, dass Gelb sehr stark anregend wirken kann, die Bestrahlungen sollten daher höchstens fünfzehn Minuten andauern und möglichst nicht am Abend vorgenommen werden, Sie könnten sonst Schwierigkeiten mit dem Einschlafen haben. Gelbes Licht bringt den Lymphfluss wieder in Schwung und die Magensäfte können wieder problemlos gebildet werden.

Das Element Erde stärken – Magensäfte und Verdauung regulieren

- Bestrahlen Sie den Oberbauch eine Woche lang täglich für maximal fünfzehn Minuten mit Gelb.
- Die Behandlung des Erde-Elements unterstützen Sie mit einem Glas gelbem Wasser (siehe S. 107 ff.).

Metall ist die Farbe Weiß zugeordnet

Dem Element **Metall** entspricht der Herbst, in dem sich alles zusammenzieht, um den Winter gut gerüstet zu überstehen. Ihm sind die Organe Lunge und Dickdarm zugeordnet. Die Farbe des Metalls ist Weiß. Um die Lunge mit Lichtwellness zu unterstützen, müssen Sie daher einen Polfilter verwenden, durch den das weiße Licht aufgestrahlt wird. Beleuchten Sie die ganze Brust, die beidseitig von den Lungen ausgefüllt wird. Trauer kennzeichnet eine schwache Lungenfunktion. Durch ausreichend weißes Licht kann sie vertrieben werden.

Das Element Metall stärken – die Lungenfunktion verbessern

- Benutzen Sie einen Polfilter.
- Bestrahlen Sie die ganze Brust eine Woche lang täglich für eine halbe Stunde mit Weiß.
- Die Behandlung des Metall-Elements unterstützen Sie mit einem Glas weißem Wasser (Siehe S. 107 ff.).

Die Jahreszeit des Winters und der Kälte entspricht dem **Wasser**-Element. Auch wenn der Winter vielen verhasst ist, ist er doch eine notwendige Zeit der Besinnung und Erholung, in der neue Kräfte gesammelt werden können, die sich dann im Frühjahr umso lebendiger entfalten. Wird diese Phase des inneren Rückzugs übergangen, so entstehen Stress, Angst und Nervosität. Die Farbe des Wassers ist Dunkelblau. Die Nieren und die Harnblase sind dem Wasser-Element als Organe zugeordnet. Indigoblaues Licht stärkt diese Organe immens.

Wasser ist die Farbe Dunkelblau zugeordnet

Das Element Wasser stärken – Nieren und Harnblase kräftigen

- Richten Sie indigoblaues Licht im Sitzen oder indem Sie auf dem Bauch liegen auf den unteren Teil des Rückens. Am besten auf die Stellen, die beidseitig von der Wirbelsäule zwei Handbreit oberhalb der Taille liegen.
- Bestrahlen Sie diesen Bereich eine Woche lang täglich für eine halbe Stunde.
- Ein mit Indigo bestrahltes Glas Wasser (siehe S. 107 ff.) hilft den Nieren dabei, sich zu regenerieren und ihre Aufgaben gut zu erfüllen.

Wenn Sie sich im Sinne der Fünf Elemente mit den zu ihnen gehörenden Farben bestrahlen, können Sie viel für Ihre Gesundheit tun. Zugleich steht Ihnen eine angenehme und sehr wirksame Methode zur Verfügung, um die einzelnen Organe zu stärken und sich selbst wieder ins Lot zu bringen.
Rundum regenerierend und vitalisierend wirkt eine Kur nach den Fünf Elementen. Beginnen Sie dabei mit der

Farbe Grün, gefolgt von Rot, Gelb, Weiß und schließlich Dunkelblau. Beleuchten Sie die beschriebenen Gebiete jeweils eine Woche lang täglich für jeweils eine halbe Stunde. Das bedeutet, dass Sie die Leber eine Woche lang täglich eine halbe Stunde mit Grün bestrahlen. In der zweiten Woche bestrahlen Sie den Brustraum (Herz) täglich zehn Minuten lang mit Rot, in der dritten Woche den Oberbauch täglich eine halbe Stunde lang mit Gelb, in der vierten Wochen bestrahlen Sie die Brust (Lunge) täglich eine halbe Stunde mit weißem Licht und in der fünften Woche wird die Nierenzone des Rückens eine halbe Stunde lang mit Dunkelblau bestrahlt.

Das gilt natürlich nicht für die Farbe Rot, für die auf Grund ihrer starken Wirkung eine kürzere Bestrahlungszeit vorgesehen ist.

Kräftigung der Organsysteme

Mit dieser Lichtwellness-Kur werden Sie sich frisch und gestärkt fühlen und zu neuen Kräften kommen, denn die Organsysteme werden äußerlich durch das farbige Licht und innerlich durch das entsprechende Getränk gekräftigt.

Lichtwellness-Kur nach den Fünf Elementen

- Bestrahlen Sie fünf Wochen lang täglich die beschriebenen Bereiche in der angegebenen Weise.
- Gehen Sie in der Reihenfolge Grün, Rot, Gelb, Weiß, Dunkelblau vor.
- Unterstützen Sie die Kur mittels der empfohlenen Farbgetränke.

Lichtwellness für die Seele

Wie sehr Licht unser Lebensgefühl bestimmen kann, ist schon seit langer Zeit bekannt. Das Licht der Sonne ermöglicht alles Leben auf diesem Planeten und ohne dieses Licht würde es überhaupt nichts Lebendiges geben. Doch nicht nur das Klima und das Wachstum der Pflanzen werden durch das Sonnenlicht bestimmt, auch unsere Seele ist auf Licht eingestellt und leidet, wenn sie nicht genügend davon bekommt. Nicht umsonst sehen fast alle Religionen Gott als ein immer währendes Licht an. Auch im Altertum wurde die Sonne vielfach als göttlich verehrt, wie z.B. bei den alten Ägyptern als Ammon Ra, der Sonnengott.

Wir sind in unseren Breiten dem Wechsel der Jahreszeiten unterworfen, in denen sich die Stärke und die Dauer der Sonnenbestrahlung in einem steten Kreislauf verändern. Es gibt immer mehr Menschen, die an einer latenten und lichtabhängigen Depression leiden und schon im Herbst eine aufsteigende Schwermut und Antriebslosigkeit verspüren, die sich im Winter noch weiter verstärkt. Erst im Frühjahr, wenn die ersten hellen und wärmenden Strahlen der Sonne erscheinen, beginnen sie wieder aufzuleben und saugen das neue Licht förmlich in sich auf. Besonders intensiv kann man diesen Licht- und Sonnenhunger natürlich bei den Völkern des Nordens erleben, denn dort ist es monatelang dunkel und zur Mittagszeit höchstens ein wenig dämmerig. Mit dem aufsteigenden Licht des Frühlings ändert sich das gesamte Lebensgefühl – die Seele kann endlich wieder aufleben.

Lichtwellness lindert Depressionen und Schwermut

Aus diesem Grund, dem Hunger nach Licht und Wärme, gibt es immer Menschen, die den Wunsch haben, in wärmere Länder auszuwandern. Doch so richtig glücklich sind dabei nur die wenigsten. Sprachschwierigkeiten einerseits, mangelnde Eingebundenheit in eine fremde Kultur andererseits, und dazu noch das Gefühl, in eine enge deutsche Kolonie wie in eine Enklave eingebunden zu sein, können dem Auswanderer stark zusetzen. Spätestens seit den neuesten Untersuchungen aus Amerika und Deutschland weiß man jedoch, dass die sozialen Kontakte eines der wichtigsten Momente sind, um gesund zu bleiben und ein hohes Lebensalter zu erreichen.

Der Hunger nach Licht und Wärme

Es spricht nichts dagegen, wenn man der dunklen Jahreszeit durch eine Reise in den Süden entfliehen oder sie wenigstens verkürzen möchte. Wenn allerdings ein vollständiger Umzug geplant ist, genügt es nicht, sich einmal drei Wochen an diesem Ort wohl gefühlt zu haben. Überlegen Sie genau, wie sich Ihr soziales Leben dort gestaltet, bevor Sie sich endgültig dazu entscheiden.

Die Schattenseiten der Seele mit Licht erfüllen

Ohne den Zauber des Südens schmälern zu wollen, möchte ich auf die wunderbaren und vielfältigen Möglichkeiten hinweisen, mit denen Lichtwellness unserer Seele etwas Gutes tun kann. Denn Licht, mit Farben kombiniert, hilft nicht nur unserem Körper, sondern erfrischt und stärkt auch unsere Seele. Besonders die warmen Farben, wie Rot, Orange, Gelb und das weiche Lindgrün, verleihen uns Kraft, Energie und Heiterkeit. In Bezug auf unsere Kleidung tragen wir die Farben, die unserem Lebensgefühl und unserer seelischen Verfassung am meisten entsprechen, besonders gerne.

Wenn in unserer Aura z.B. genügend Grün vorhanden ist, haben wir nicht das Bedürfnis, auch noch einen Pullover dieser Farbe zu tragen.
Die Mode wird immer bunter und erfindet immer neue Farbtöne, die dann als Modefarben eine Zeit lang die Bekleidungsgeschäfte füllen. Dabei können echte Überraschungen zu Tage treten: Ich erinnere mich noch daran, als vor einigen Jahren die Farbe Lachs als Modefarbe entdeckt wurde. Es setzte ein wahrer Run auf diese Farbe ein, sie erschien so kostbar und neu und unsere Aura konnte offensichtlich nicht genug davon bekommen. Neben der Gestaltung unserer Kleidung in bestimmten Farben fördern auch Bestrahlungen, die wir ja schon im Rahmen der Maßnahmen für Gesundheit und Schönheit kennen gelernt haben, das Wohlbefinden und Glück unserer Seele.

Modefarben spiegeln die Bedürfnisse der Menschen

Farbbestrahlungen für die Seele

- Wählen Sie aus den nachfolgend beschriebenen Farben diejenige aus, die Sie am meisten brauchen.
- Bestrahlen Sie mit dieser Farbe den gesamten Oberkörper täglich für dreißig Minuten.
- Führen Sie die Bestrahlung so lange durch, bis die gewünschten Eigenschaften gestärkt sind. Alle drei Wochen legen Sie eine Woche Pause ein.

Warme Farben

Rotes Licht wirkt sehr aktivierend und belebend, es regt an und macht warm. Wenn wir erschöpft und müde sind, brauchen wir dringend ein wenig rotes Licht, um unsere Kraftreserven wieder aufzufüllen. Rot bringt unsere Führungsqualitäten wieder ans Licht, es macht uns wettbewerbsfähig. Wir können uns wieder intensiv einer Aufgabe zuwenden und sie auch zu Ende bringen. Die seelische und körperliche Vitalität und Widerstandskraft steigt und wir fühlen uns rundherum gesund. Beleuchten Sie sich jedoch nicht mit Rot, wenn Sie Fieber haben oder zu den Menschen gehören, denen immer zu heiß ist.

Rot

- aktiviert;
- belebt;
- steigert das Wohlbefinden.

Orange entspannt die durch Stress und Kummer angespannten Muskeln. Es muntert uns auf und bringt wieder Lebensfreude in unseren Alltag. Dunkle Gedanken verlieren ihre Dominanz, wir erhalten unsere Fähigkeit zu konstruktivem Verhalten dort zurück, wo wir uns zuvor aus Kummer isoliert haben. Unsere Seelen-Energie wächst und wir können uns wieder begeistern. Der Umgang und die Begegnung mit anderen Menschen bereitet uns Freude, die Zeit des Rückzug ist vorbei! Voll von Selbstvertrauen verlassen wir das Haus und mischen uns unter die Menschen, denen wir mit Freude begegnen. Orange hellt die Stimmung deutlich auf und macht uns kommunikativer. Da Orange die Farbe der menschlichen Kommunikation ist, wurde es vor Jahren schon als die werbewirksamste Farbe erkannt.

Orange

- entspannt;
- steigert die Lebensfreude;
- erhöht die soziale Kompetenz;
- stärkt das Selbstvertrauen.

Gelb vertreibt die Müdigkeit aus unserem Kopf und unserem Körper – und das besonders ganz schnell! Es ist erstaunlich, in welchem Maß gelbes Licht die geistige Fitness und die Aufmerksamkeit steigert. Personen, die geistige Arbeit leisten und dabei kreativ sein müssen, haben hier die Farbe gefunden, die ihrem Geist Flügel verleiht. Doch auch depressive Verstimmungen weichen dem gelben Licht! Die Farbe wirkt teilweise so stark, dass sie unglückliche und schwermütige Menschen geradezu blendet. Sie sind die Anregung und Frische dieser Farbschwingung nicht mehr gewöhnt und sollten mit ganz kurzen Bestrahlungseinheiten beginnen, um sich an dieses Licht heranzutasten. Bestrahlen Sie sich in diesem Fall zuerst nur für fünf Minuten und steigern Sie die Dauer dann bis zu einer Viertelstunde. Sie werden sehen: Die Schwermut wird langsam verschwinden. Das gelbe Licht stärkt nämlich die Nerven und stimmt heiter!

Gelb

- macht wach;
- steigert die geistige Fitness;
- stärkt die Nerven;
- sorgt für heitere Stimmung;
- löst Depressionen.

Lindgrün ist eine Mischung aus Gelb und Grün. Es wirkt erfrischend und beruhigend auf unsere Seele. Gleichzeitig regt es unsere Gehirntätigkeit an, nimmt uns unsere Traurigkeit und fördert positive Gedanken. Lindgrünes Licht arbeitet im Körpersystem vor allem als Farbe der Entgiftung. Doch nicht nur in den Körperzellen, auch in unseren Gedanken und Vorstellungen kann »Gift« enthalten sein. Alles Gift, auch wenn es in unserer Seele abgelagert ist, macht den Körper sauer. In der Medizin konnte man nachweisen, dass auch Musik oder menschliche Stimmen in einer bestimmten Stimmlage im Körper Säure bilden. Je übersäuerter ein Mensch ist, desto unwohler fühlt er sich an Körper und Geist. Letztlich verstopfen bei diesem schleichenden Prozess die Zellen und der normale Stoffwechsel ist nur noch schwer aufrechtzuerhalten. Aber nicht nur Nahrungsmittel und Umweltgifte lassen den Stoffwechsel in Richtung sauer kippen und leiten die gefürchtete Übersäuerung ein. Lindgrünes Licht wirkt hier befreiend und positiv auf unsere Seele, denn es spült allmählich den ganzen Seelenmüll aus uns heraus.

Lindgrün

- erfrischt;
- beruhigt;
- regt die Gehirntätigkeit an;
- entgiftet die Seele;
- sorgt für eine positive Einstellung.

Neutrale Farbe

Grünes Licht wirkt auf die Hypophyse, eine wichtige endokrine Drüse in unserem Gehirn. Viele Körperfunk-

tionen werden von dieser Hormondrüse gesteuert und auch die persönliche Stimmungslage ist davon abhängig, dass sie ihre Hormonausschüttungen gleichmäßig vornimmt. Frauen, die zyklusabhängig einen Durchhänger haben und in dieser Zeit depressiv sind und viel weinen müssen, brauchen dringend eine halbe Stunde grünes Licht, um ihre übliche gute Laune und Stabilität wieder zu erlangen. Das Licht wird hierbei am besten auf den Kopf und das Gesicht aufgestrahlt, so regt es das hormonelle System am besten an. Zugleich wirkt es beruhigend und entspannend auf das Gehirn.
Grünes Licht bringt uns Harmonie und das seelische Gleichgewicht zurück. Es macht uns umsichtig, zufrieden und aufgeschlossen gegenüber unseren Mitmenschen, die sich mit uns über die neue Ausgeglichenheit freuen.

Grün

- reguliert die Ausschüttung der Hormone;
- sorgt für seelisches Gleichgewicht;
- wirkt beruhigend und entspannend.

Kühle Farben

Eine unruhige Seele braucht **türkises Licht**, um sich wieder wohl zu fühlen, denn diese Farbe wirkt beruhigend auf das übererregte Gehirn. Auch Spannungen im Kopf- und Nackenbereich, die durch Stress entstanden sind, werden durch Türkis gelindert und lassen die Betroffenen wieder befreit aufatmen. Personen, die sich auf Grund einer mentalen Übererregbarkeit mit dem Einschlafen schwer tun, da sie ihr Gedankenkarussell nicht abstellen können, entspannen sich mit türkisem

Licht und finden einen ruhigen Schlaf. Dies ist sehr wichtig, denn es reicht nicht aus, wenn in der Nacht nur der Körper zur Ruhe kommt, auch der Geist muss sich entspannen und beruhigen. Durch Türkis wird er angenehm entlastet und kann den oftmals stressigen Alltag bis zum nächsten Morgen außen vor lassen.
Menschen, die mit ihrer Meinung hin- und herschwanken und sich für nichts so richtig entscheiden können, brauchen Türkis, um ihre persönlichen Angelegenheiten und Beziehungen wieder in Ordnung zu bringen. Sie finden dadurch zu ihrer Kraft und zu ihren wahren Fähigkeiten, die sie ganz besonders auszeichnen, zurück. Ein neuer Optimismus entsteht, die kindliche Unentschlossenheit verschwindet und Sie fühlen sich wach, gesammelt und frei. Durch diese neue Klarheit wird auch das Selbstbewusstsein gestärkt.

Türkis

- beruhigt;
- löst Spannungen;
- fördert den Schlaf;
- unterstützt die Entscheidungsfähigkeit;
- spendet Kraft und Optimismus.

Wenn die Seele keine Ruhe findet, lässt **Blau** sie wieder Frieden finden. Bei Nervosität und Stress wirkt blaues Licht besänftigend und erfrischend. Auch bei Hyperaktivität, die oft nur körperlich gedeutet wird, tatsächlich allerdings auch mit seelischer Anspannung einhergeht, hilft blaues Licht. Das blaue Licht darf ruhig eine ganze Stunde lang auf die Haut gestrahlt werden. Blaues Licht vitalisiert Körper und Seele und schenkt ihnen neue Lebenskraft. Es fördert die Sensibilität und Kreativität.

Wenn wir kein Selbstvertrauen mehr haben und uns deshalb von anderen Menschen zurückziehen, bringt Blau wieder die nötige Sicherheit ins Leben zurück.

Blau

- besänftigt und erfrischt;
- beruhigt und entspannt;
- mildert Hyperaktivität;
- vitalisiert Körper und Seele;
- fördert die Kreativität;
- schafft Selbstvertrauen.

Indigo ist wie geschaffen für gehemmte Menschen, die anderen gegenüber zu nachgiebig sind und es allen recht machen wollen. Dabei vergessen sie sogar, an sich selbst zu denken – lieber schaden sie sich, als von anderen etwas zu verlangen. Trotzdem durchschauen sie die anderen und erkennen deren Fehler. Da sie sich nicht abgrenzen können, entstehen Aggressionen, die sie gegen sich selbst richten. Indigofarbenes Licht stärkt ihr Selbstbewusstsein, sodass sie das rechte Maß finden und genau spüren, was sie für sich selbst tun müssen und was sie für andere tun dürfen, um im Gleichgewicht zu bleiben. Wenn eine Person fahrig oder gar schlampig ist und nicht die rechte Ordnung in ihr Leben bringen kann, verhilft Indigolicht dazu, dass sie sich wieder besser organisiert, denn es fördert das Talent für Organisation und vertreibt die Unzuverlässigkeit.

Indigo

- verhilft zu einem gesunden Ego;
- stärkt das Selbstbewusstsein;
- bringt Ordnung ins Leben.

Violettes Licht bringt unsere ganz persönlichen Eigenschaften zum Erstrahlen. Es fördert die innere Ausgeglichenheit, besonders in Zeiten, in denen es uns nicht so gut geht, da an allen Ecken und Enden jemand etwas von uns haben will. Die Zerstreutheit, die in einigen Berufen durch zu viele Aufgaben entsteht, wird durch Violett wieder zentriert. Violett fördert den Respekt, den wir vor uns selbst haben sollten, um richtig einschätzen zu können, was Körper und Seele wirklich gut tut. Positive Visionen für die Zukunft werden gefördert, sogar unsere Spiritualität wächst auf harmonische Weise mit Hilfe von violettem Licht (Violett ist *die* Farbe der Spiritualität). Die quälenden Selbstzweifel, die unsere Aktivität und Kreativität so sehr behindern und damit eine echte Bremse sein können, zerschmelzen wie Schnee in der Sonne. Eine friedvolle und ruhige Stimmungslage, die all unsere Fähigkeiten stärkt, bringt uns Kraft.

Violett hilft eifersüchtigen Menschen, ihre schädlichen Befürchtungen loszulassen und ihre Eifersucht in den Griff zu bekommen. Wer schüchtern ist, braucht ebenfalls violettes Licht, um mehr Vertrauen zu bekommen.

Violett

- schafft innere Ausgeglichenheit;
- fördert die Konzentration;
- unterstützt die spirituelle Entwicklung;
- verleiht ein Gefühl für die eigenen Bedürfnisse;
- verleiht Kraft;
- beseitigt Selbstzweifel und stärkt das Vertrauen.

Magenta hat ganz einzigartige Kräfte, denn es kann die Seele dort stärken, wo sie schwach ist. Eine Bestrahlung mit Magenta mildert zunächst den Stress in unserem Nerven- und Kreislaufsystem. Und das will viel heißen, denn diese Farbe wird vor allem von Menschen benötigt, die in leitender Position sind, viel Verantwortung tragen und viele Aufgaben erledigen müssen. Es kommt auch Personen zugute, deren Energiesystem völlig erschöpft ist, da sie Schichtarbeit oder andere auslaugende Arbeiten verrichten müssen. Magenta wirkt regulierend und ordnet im Menschen alles so, wie es sein soll, damit er sich wohl fühlt.

Eine weitere wichtige Fähigkeit von Magenta ist, dass es Ängste aller Art auflöst. Vor allem Kinder reagieren gut und schnell auf Magentalicht. Außerdem stärkt Magenta die Aura. Das bedeutet, dass das Energiefeld um uns herum gefestigt wird. Daher werden wir als Persönlichkeit stärker und sind nicht mehr durch negative Stimmungen und Personen so beeinflussbar wie zuvor.

Magenta entwickelt auch die spirituellen Qualitäten, es bringt tiefes Mitgefühl für die Mitmenschen und macht

uns teamfähig. Unser inneres Selbstwertgefühl wird durch dieses Farblicht gestärkt, sodass wir uns liebevoll uns selbst und anderen zuwenden können. Dies ist eine wichtige Aufgabe, denn viele Menschen leiden, ohne sich dessen bewusst zu sein, an einer extrem negativen Selbsteinschätzung oder sogar Selbstverachtung, die Glück und Erfolg in allen möglichen Lebensbereichen verhindert. Magenta macht stark und fördert die Weisheit. Damit wächst die innere Kraft und vor allem die universelle Liebe. Wenn all diese guten Eigenschaften und Fähigkeiten in uns gewachsen sind, ist unser Leben von Glücksgefühlen begleitet.
Diese Beispiele zeugen von den starken transformierenden Kräften dieses Lichts.
Trotzdem eine Warnung: Sobald Sie unter magentafarbenem Licht Ängste, Unbehagen oder eine gewisse Unruhe fühlen, schalten Sie es aus. Ihr Energiesystem hat dann genug davon und Sie brauchen etwas Zeit, um sich langsam an diese Umwandlung zu gewöhnen.

Magenta

- wirkt regulierend und transformierend;
- mildert Stress;
- verleiht Energie und innere Kraft;
- löst Ängste;
- stärkt die Aura;
- macht mitfühlend;
- stärkt das Selbstwertgefühl.

Die Heilenden Laute

In der medizinischen Lehre des alten China wurde jedes einzelne Organ des menschlichen Körpers einem bestimmten Element der Natur zugeordnet. Die Eigenschaften der Elemente und der Organe wurden zueinander in Beziehung gesetzt und das System der Förder- und Kontrollzyklen erdacht, wie sie im Kapitel »Die Fünf Elemente« ausführlich dargestellt sind.

Schließlich entdeckten daoistische Mönche, dass die menschlichen Organe auf gewisse Vibrationen und Schwingungen positiv reagieren und dass diese genau auf die Organe abgestimmten Töne Krankheiten aus dem Körper vertreiben können. Diese Schwingungen wurden die »Heilenden Laute« genannt und dazu verwendet, den Körper gesund zu erhalten und Krankheiten zu verhindern oder zu lindern. Die Idee dahinter war, dass sich bei seelischem und körperlichem Ungleichgewicht, ausgelöst durch Stress, falsche Ernährung, zu wenig Schlaf oder psychische Anspannung ..., die Organe nicht locker und frei im Körper bewegen und entfalten können. Die Daoisten nahmen an, dass sie unter diesen Belastungen verklebten oder verschrumpelten und dadurch viel von ihrer ursprünglichen Kraft verloren. Durch diese Verschwartungen des Gewebes können auch Giftstoffe und Ablagerungen nicht mehr von den Organen entlassen werden und die Zellen werden verstopft. Die Folge davon ist, dass das Qi, die universelle Lebensenergie, stagniert und nicht mehr ungehindert im Körper fließen kann. Die negative Energie staut sich und wir kommen allmählich in eine unheilvolle Überaktivität hinein, die wir als Stress bezeichnen.

Töne können Krankheiten aus dem Körper treiben

Wenn dieser Prozess voranschreitet, verlieren wir bald das Gefühl für unsere Gesundheit und wissen gar nicht mehr, wie es ist, wenn man sich richtig wohl fühlt.

Wie schon erwähnt, gehört zu jedem Element und jedem Organ eine bestimmte Farbe, die die Gesundheit des Körperteils fördert. Der Leber ist die Farbe Grün zugeordnet, dem Herzen die Farbe Rot, dem Magen die Farbe Gelb, der Lunge die Farbe Weiß und den Nieren die Farbe Indigoblau. Farbe ist nichts anderes als Licht mit einer bestimmten Vibration und Wellenlänge. Wenn dieses zu den Organen passende farbige Licht auf die Körperzellen trifft, werden sie mit genau der Energie aufgefüllt, die sie brauchen. Dafür reicht es sogar, sich das Licht lediglich vorzustellen. Bei der Übung der Heilenden Laute wird immer die bildliche Vorstellung verwendet, dass die Organe mit der passenden gesunden Farbe angefüllt werden, so lange bis sie vor Gesundheit geradezu strahlen und glänzen.

Wenn Töne und Farben kombiniert werden, können damit alle Ebenen der Organe erreicht werden.

Durch die Kombination von Tönen und Farben, die sich als Schwingungen verschiedener Art wunderbar ergänzen, werden die Organe auf allen Ebenen erreicht. Die Vibrationen wirken in zweifacher Hinsicht: Als Erstes durchdringen die Töne mit ihren Wellen das Organ und »rütteln« krank machende Ablagerungen und Stoffwechselprodukte förmlich aus den Zellen heraus. Das dazu imaginierte Farblicht bringt mit seinen eigenen Vibrationen neue Energie in die Zellen und stärkt dadurch die Organe in ihrer Substanz und Funktion. Dieses Prinzip gilt nicht nur für die Zellen, sondern auch für unsere Seele. Denn auch in der Seele lagern sich negative Erlebnisse ab und belasten die Art und Weise, wie wir uns fühlen und den Menschen und uns selbst im Alltag begegnen. Mit den Heilenden Lauten haben wir eine wunderbare Möglichkeit, negative Gefühle, wie Trauer, Angst, Wut, Hektik und Sorgen, die wie schädliche Ablagerungen die Organe verstopfen, aus unserem Energiesystem zu vertreiben. Die Farben schaffen im Gegenzug die Grundlage für die positiven Gefühle, wie Mut, Gelassenheit, Freundlichkeit, Kreativität und Zentriertheit. Die Organe werden so mit Licht angefüllt, dass bald kein Raum mehr ist für störende psychische Unregelmäßigkeiten. Wir werden zwar nie verhindern können, dass wir gelegentlich traurig oder wütend sind – das gehört einfach zum Leben dazu –, doch wir können verhindern, dass sich diese negativen Gefühle in uns festsetzen und unser Leben beherrschen.

Eine große Rolle spielt die Wechselwirkung zwischen Organen und Emotionen auch noch in zweierlei Hinsicht: Die chinesischen Meister stellten fest, dass bei einem gestauten oder energetisch blockierten Organ auch ganz bestimmte negative Gefühle die Oberhand gewinnen. Ist das Organ wieder im Gleichgewicht und gesund, dann verschwinden die negativen Gefühle wie von selbst. Dieser Weg ist jedoch keine Einbahnstraße, es geht nämlich auch anders herum: Nicht nur kranke Organe können unsere Gefühle beeinträchtigen, sondern massive negative Gefühle schädigen auch unsere Organe. So erleidet z.B. die Lunge einen Schaden, wenn ein Mensch längere Zeit depressiv oder traurig ist. Diese für uns zunächst ungewohnten Gedankengänge sind typisch für die fernöstliche Medizin: Es besteht eine Wechselwirkung zwischen Körper und Seele. Negative Gefühle schaden den Organen und die belasteten Organe verwandeln positive Gefühle in negative.

Sind die Organe im Gleichgewicht, gibt es keine negativen Gefühle

Daraus ergibt sich die unbedingte Erkenntnis, dass die seelische Ausgeglichenheit auch der Gesundheit zugute kommt – und sogar dringend notwendig ist, um sie zu erhalten. Neben anderen Formen der Therapie bieten die Heilenden Laute eine effektive Hilfe zum Gesundwerden und -bleiben, die jeder ohne viel Mühe oder Zeitaufwand selbst durchführen kann.

Wenn Sie mit der Übung der Heilenden Laute beginnen, reicht es aus, jeden Laut zunächst dreimal zu atmen. Später, wenn Sie erfahrener sind, sind auch fünf Ausatmungen erlaubt.

Sie können die fünf Heilenden Laute der Reihe nach in ihrem Förderzyklus üben, d.h. jeder einzelne Laut unterstützt und verstärkt den nachfolgenden, so wie es von den chinesischen Ärzten vorgegeben ist. Die Reihenfolge ist Holz, Feuer, Erde, Metall und Wasser. Aus der Sicht der Organe entspricht das Leber, Herz, Magen, Lunge und Nieren. Die klassische Folge der Heilenden Laute beginnt mit dem Ton der Lunge und endet mit dem Ton des Magens. Es ist auch möglich, mit den Heilenden Lauten bei einem anderen Element zu beginnen, wichtig ist allein, dass die richtige Reihenfolge der darauf folgenden Elemente und ihrer Organe eingehalten wird.

Ich halte es jedoch für das Beste, entweder mit der Lunge oder mit der Leber zu beginnen. Je nach Betrachtungsweise kann es günstig erscheinen, zuerst die negative Atmungsenergie aus der Lunge auszutreiben und sie so zu entlasten, oder mit der Leber zu beginnen, die dem Holz entspricht; diesem Organ ist nämlich die Jahreszeit Frühling zugeordnet und mit dem Frühling beginnt alles Leben in der Natur. Es ist Ihrer persönlichen Vorliebe überlassen, welcher Version Sie den Vorzug geben.

Einzelne Organe können durch die Heilenden Laute besonders gestärkt werden

Wenn Sie an einer ganz bestimmten Organerkrankung leiden, können Sie dieses Organ durch die Heilenden Laute besonders stärken, indem Sie es häufiger und länger mit dem passenden Ton beatmen. Verlieren Sie dabei jedoch nicht die Lehre des Förderzyklus aus dem Auge: Das Organ, das in der Reihenfolge vor dem betroffenen Organ liegt, unterstützt es in ganz besonderer Weise. Vergessen Sie daher nicht, auch dieses Organ mit dem passenden Laut zu beatmen. Das bedeutet, wenn Sie ein Leberproblem haben, ist es gut, zuerst die in der Reihenfolge davor liegenden Nieren und dann erst die Leber selbst zu berücksichtigen.

Der meditative Charakter der Heilenden Laute

Die Heilenden Laute haben einen meditativen Charakter, daher sollten sie nur in Ruhe geübt werden. Sorgen Sie dafür, dass Sie für die kurze Zeit der Übung wirklich ungestört sind und nicht durch Familienmitglieder, Telefonanrufe oder andere Störfaktoren durcheinander gebracht werden. Es bringt Freude und Entspannung, die Organe mit den zu ihnen passenden Heilenden Farben und Lauten zu stärken.

Bei allen Übungen, die ich nun beschreiben werde, sitzen Sie auf einem Stuhl und haben die Füße nebeneinander auf dem Boden aufgestellt. Schlagen Sie auf gar keinen Fall beim Üben die Beine übereinander: Erstens wird die Körperstabilität dadurch gestört, zweitens kommt der Qi-Fluss durcheinander. Die Hände liegen locker auf den Oberschenkeln, und zwar so, dass die Handflächen noch oben gewandt sind. Beim Ausatmen versuchen Sie, so sanft wie möglich die Arme und die Brust zu strecken, denn dadurch wird der Atemkanal gedehnt und durch ihn sollen die belastenden Ablagerungen ausgeschieden werden. Wenn die schädliche Energie mit Hilfe ihres Heilenden Lautes ausgeatmet ist, legen Sie die Hände wieder in die Ausgangsposition auf die Oberschenkel zurück und atmen aufmerksam und ruhig weiter, wobei Sie das Organ in Ihrer Vorstellung mit der zugehörigen Farbe füllen. Nehmen Sie sich die Zeit, das mit farbigem Licht erfüllte Organ zu beobachten, und genießen Sie diese angenehme und heilende Vorstellung drei bis sechs Atemzüge lang. Dabei ist es von Vorteil, wenn Sie eine möglichst bildliche Vorstellung davon haben, wo genau die Organe im Körper liegen. Stellen Sie sich die Heilenden Farben, die in die Organe geleitet werden, kräftig und rein vor. Es kommt darauf an, z.B. die ganze Leber mit einem wirklich strahlenden grünen Licht aufzufüllen.

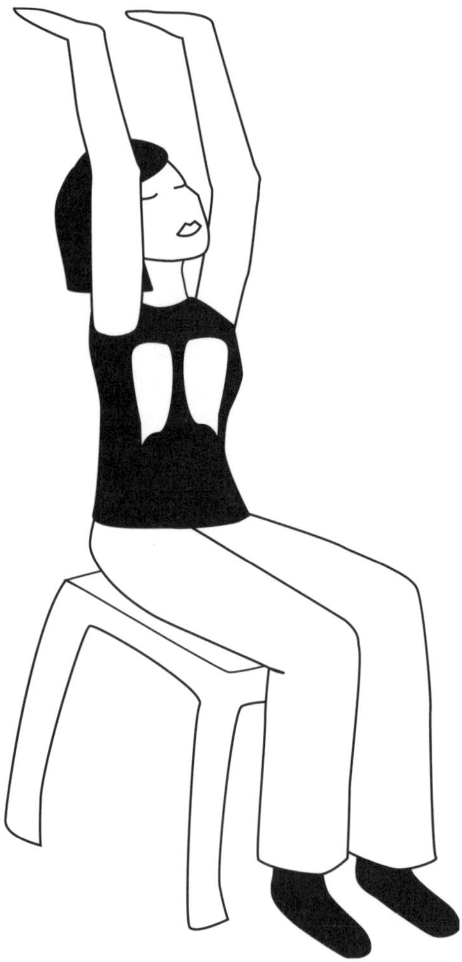

1. Der weiße Laut der Lunge

1. Der weiße Laut der Lunge: SSSS

- Sie sitzen in der Ausgangssituation auf dem Stuhl.
- Visualisieren Sie den Bereich des Körpers, in dem die Lunge liegt.
- Heben Sie nun mit einer langsamen Einatmung die Arme ruhig über den Kopf. Halten Sie dabei die Handflächen so nach oben, als wollten Sie den Himmel stemmen.
- Beugen Sie den Kopf leicht zurück und blicken Sie zur Decke, während Sie leise auf den Laut SSSS ausatmen. Die Zähne bleiben dabei leicht geschlossen, die Zunge befindet sich hinter den Zähnen. Die Ausatmung sollte ganz gleichmäßig und nicht stoßweise erfolgen; lassen Sie sich Zeit, bis die letzte Atemluft aus der Lunge entwichen ist.
- In der folgenden Ruhephase, die etwa eine halbe Minute dauern soll, legen Sie die Hände wieder auf die Oberschenkel. Atmen Sie ruhig und gelassen in die Lunge hinein und stellen Sie sich vor, dass die Lunge in weißem Licht erstrahlt.
- Bei der nächsten Ausatmung heben Sie wieder die Hände nach oben und atmen wie beschrieben auf SSSS aus. Gleichzeitig stellen Sie sich vor, wie Trauer, Kummer und Depression, die sich in der Lunge abgelagert haben, die Lungen verlassen. Je deutlicher Sie sich den weißen Glanz in Ihrer Lunge vorstellen können, desto schneller kräftigt sich die Lunge

und kann die positive Eigenschaft Mut in sich aufnehmen, die allen Kummer und alle Depression vertreibt.

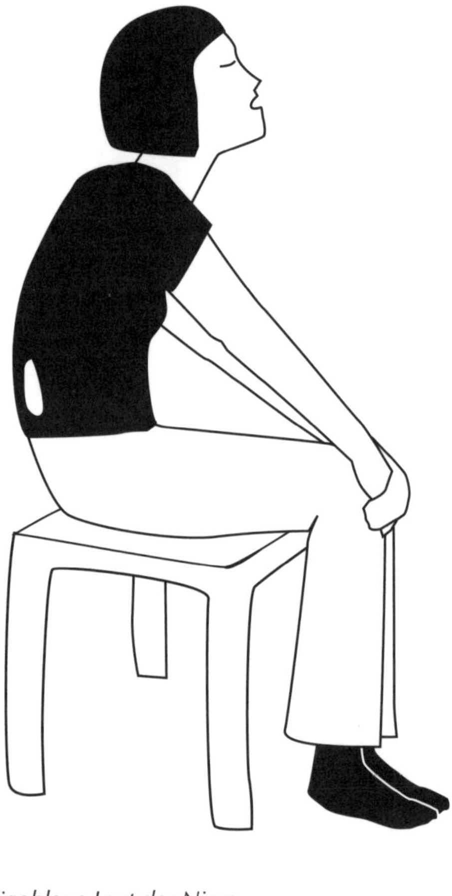

2. Der indigoblaue Laut der Niere

2. Der indigoblaue Laut der Nieren: OHHH

- Sie sitzen in der Ausgangsposition auf einem Stuhl.
- Um den dunkelblauen Laut der Niere durchführen zu können, stellen Sie die Beine so zusammen, dass sich die Knie und die Füße an ihren Innenseiten berühren.
- Legen Sie die Hände so zusammen, dass die linke Hand die rechte umschließt, und umfassen Sie beide Knie.
- Jetzt beugen Sie den Rücken und bringen ihn in eine leichte Spannung, die auch im Nierengebiet zu spüren ist. Die Arme sind dabei gestreckt. Sie sitzen also etwas gebeugt und mit rundem Rücken.
- Blicken Sie nun nach oben und legen Sie den Kopf leicht in den Nacken, aber nur so weit, wie es ohne Anspannung möglich ist. Auf keinen Fall dürfen dabei Schmerzen durch eine Überstreckung der Halswirbelsäule entstehen.
- Hauchen Sie jetzt den Heilenden Laut der Nieren, ein fast stimmloses OHHH, so sanft, als ob Sie eine Kerze ausblasen wollten. Die Lippen bilden dabei ein deutliches O.
- Nach der Ausatmung kommen Sie wieder in die Ausgangsstellung zurück und stellen sich vor, dass beide Nieren von einem wunderbaren indigofarbenen Licht erfüllt werden, bis sie beginnen, von innen heraus zu strahlen. Wenn die Nieren leuchtend vor Ihrem inneren Auge stehen, dann verlassen negative

Emotionen, wie Angst, Furcht und Stress, die Organe und Sanftheit und Gelassenheit kehren mit Hilfe des blauen Lichts ein.

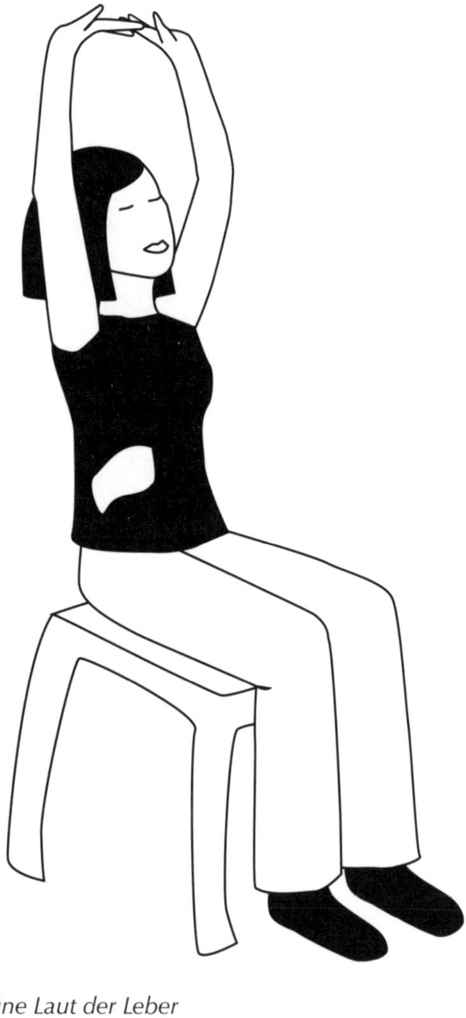

3. Der grüne Laut der Leber

3. Der grüne Laut der Leber: SCHHH

- Sie sitzen in der Ausgangsposition auf einem Stuhl.
- Strecken Sie mit der Einatmung die Arme zur Seite, die Handflächen sehen dabei nach oben, und bewegen Sie die Arme aufwärts, bis sie über den Kopf hinausragen.
- Wenn Sie oben angelangt sind, falten Sie die Hände und drehen sie so, dass die Handflächen nach oben zeigen.
- Pressen Sie nun während der Ausatmung die Handflächen nach oben, als ob Sie den Himmel stemmen wollten. Da die Leber im rechten Oberbauch liegt, wird sie stärker aktiviert, wenn Sie in dieser Position den rechten Arm etwas mehr ausstrecken als den linken. Der Kopf ist leicht in den Nacken gelegt und Sie blicken nach oben.
- Während dieser Aufwärtsbewegung der Hände, atmen Sie leise und sanft den Laut der Leber SCHHH aus. Die Zunge liegt dabei nahe am Gaumen.
- In der folgenden Ruhephase sinken die Hände wieder in die Ausgangsposition zurück. Richten Sie die Aufmerksamkeit auf die Leber im rechten Oberbauch und erfüllen Sie sie in Ihrer Vorstellung mit einem frischen grünen Licht. Schädliche Gefühle, wie Wut, Ärger und Aggression, weichen dem ausgleichenden frühlingshaften grünen Licht, das Sie in Ihre Leber senden. An ihre Stelle treten Freundlich-

keit und Fantasie, die umso mehr wachsen können, je mehr grünes Licht in der Leber gespeichert wird.

4. Der rote Laut des Herzens

4. Der rote Laut des Herzens: HAAHH

- Sie sitzen in der Ausgangsposition auf einem Stuhl.
- Breiten Sie mit dem Einatmen die Arme seitwärts aus und führen Sie die Hände über dem Kopf zusammen.
- Falten Sie dann die Hände und drehen Sie sie so, dass sie den Himmel stemmen, die Handflächen zeigen dabei nach oben. Diese Bewegung unterscheidet sich vom grünen Laut der Leber nur dadurch, dass hier der linke Arm stärker ausgestreckt wird als der rechte. Dadurch wird die Gegend des Herzens, im linken Brustkorb, kräftiger aktiviert. Der Kopf ist leicht nach hinten gebeugt und der Blick nach oben gerichtet.
- Wenn Sie in dieser Stellung ausatmen, formen Sie mit den offenen Lippen ein sanftes HAAHH.
- Danach sinken die Arme wieder nach unten und ruhen auf den Oberschenkeln.
- In der folgenden Ruhephase lassen Sie vor Ihrem inneren Auge ein leuchtend rotes Licht entstehen. Dieses Licht gleitet ins Herz hinein und erfüllt es mit Freude und Kreativität. Je strahlender Ihr Herz in diesem roten Licht erscheint, desto deutlicher verschwinden Ungeduld und Hektik aus Ihrem Leben.

5. Der gelbe Laut des Magens

5. Der gelbe Laut des Magens: HUUHH

- Sie sitzen in der Ausgangsposition auf einem Stuhl.
- Legen Sie beim Einatmen die Finger unter das Brustbein und bewegen Sie sie dann noch ein wenig nach links. Dort befindet sich der Magen. Drücken Sie sanft diese Stelle und beugen dabei den Rücken ganz leicht.
- Während die Finger sich ein wenig in die Magengegend pressen, atmen Sie auf den Laut des Magens aus: Formen Sie mit den Lippen einen länglichen Schmollmund und bilden Sie eine sanftes HUUHH dabei. Dieses HUUHH soll tief im Rachen gebildet werden und trotzdem zart und ruhig klingen.
- Danach sinken die Arme wieder in die Ausgangsposition. In der folgenden Ruhephase wenden Sie Ihr inneres Auge zum Magen und erfüllen ihn ganz und gar mit einem goldgelben Licht. Genießen Sie das Gefühl, dass Ihre Mitte in diesem beruhigenden Glanz erstrahlt. Quälende Sorgen und unnötiges Grübeln können diesem Organ nun nicht mehr schaden. Je goldgelber das Licht des Magens leuchtet, desto weniger haben schädliche Emotionen in ihm Platz. Das gelbe Licht sorgt auch dafür, dass an ihrer Stelle eine angenehme Zentriertheit eintritt, die unsere Mitte stärkt.

- Üben Sie eine Woche lang täglich einmal. Danach ein- bis zweimal pro Woche solange Sie möchten.

Die Chakren und ihre Farben

In der indischen Philosophie ist die Vorstellung, dass es im menschlichen Körper sieben Energiezentren gibt, eine feste Größe. Diese Zentren werden Chakren genannt. »Chakra« bedeutet im Sanskrit »Rad«. Die Chakren liegen alle auf einer Linie, die senkrecht durch die Mitte des Körpers geht und ihn in eine rechte und eine linke Hälfte teilt. Sie gehen quer durch den ganzen Körper hindurch, d.h. sie berühren sowohl die Vorderseite des Körpers als auch die Rückseite. Fünf der Chakren liegen an der Wirbelsäule und zwei im Kopfbereich.

Die Chakren verarbeiten und verteilen die Energie im Körper

Die Aufgabe der Chakren ist es, die feinstoffliche Energie im Körper zu verarbeiten und zu verteilen. Mit Energie sind hier die Schwingungen und Stoffe gemeint, die durch die Nahrung oder durch äußere Einflüsse, wie das Wetter, auf den Menschen einwirken. Die Chakren machen es durch ihre Arbeit möglich, dass der Mensch die verschiedenen Vibrationen und Frequenzen als eine für ihn fassbare Größe wahrnehmen kann: u.a. in Form von Gedanken, Gefühlen und körperlichen Empfindungen. Darüber hinaus wandeln sie die Energie um, damit sie unseren Organsystemen zugute kommt. Wenn alle Chakren offen sind, geht es uns gut und wir befinden uns körperlich und seelisch im Lot. Das bedeutet, dass wir Optimismus und Freude empfinden. In der Regel ist das jedoch eher die Ausnahme. Meist sind die Chakren nur bei wenigen Menschen aktiviert und offen. Die Mehrheit der Menschen trägt Energiezentren in sich, die unregelmäßig oder unterschiedlich arbeiten, sei es infolge von Stress oder von Ängsten. Wenn dieser Fall eingetreten ist, dauert es nicht lange, bis Körper und Seele darauf reagieren. In den Körperarealen, die eigentlich von den betroffenen

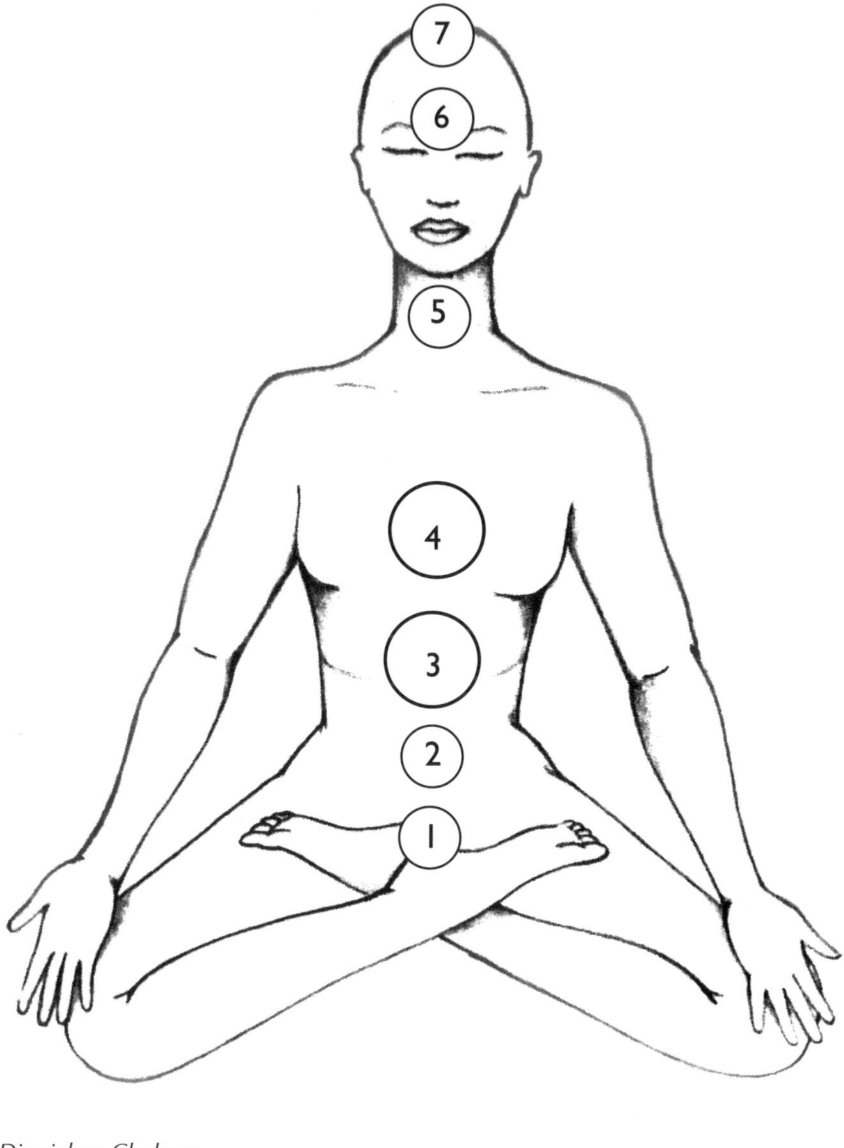

Die sieben Chakren

Chakren energetisch versorgt werden sollten, stellen sich nämlich bald Muskelverkrampfungen, Schmerzen und Kälte- oder Hitzegefühle ein, um nur einige Beispiele zu nennen.

Die sieben Chakren

Jedes Chakra versorgt eine Körperzone

Die Chakren werden von unten nach oben gezählt. Jedes Chakra versorgt die Körperzone, in der es liegt, mit der notwendigen Energie zum Leben und steuert unsere Gedanken und Gefühle. Je höher ein Mensch entwickelt ist, desto aktiver sind auch seine höheren Chakren – nämlich das sechste und das siebte Chakra.

Das erste Chakra, **Muladhara** genannt, liegt am Ende des Steißbeins. Im Sanskrit bedeutet das Wort »Wurzel« und »Stütze«. Es hat die Farbe Rot. Dieses Chakra verbindet uns mit der Energie und Kraft der Erde. Ist das Muladhara-Chakra blockiert, dann ist der Mensch grob und in schlimmen Fällen auch brutal oder gewalttätig. Auch starke Existenzängste können eine Schwäche in diesem Chakra anzeigen.

Das zweite Chakra wird **Svadhisthana** genannt, im Sanskrit bedeutet das »Haus des Selbst«. Seine Farbe ist Orange und es liegt zwischen Lendenwirbeln und Kreuzbein. Wenn das Svadhisthana-Chakra nicht im Gleichgewicht ist, wirkt sich das vor allem auf die Einstellung zur Sexualität aus. Daher wird es auch gelegentlich Sexual-Chakra genannt. Je nach Qualität der Blockade entsteht eine Hyperaktivität oder ein völliges Desinteresse an der Sexualität.

Das dritte Chakra heißt im Sanskrit **Manipura**, das bedeutet »Stadt der Juwelen«. Es liegt beim Solarplexus und seine Farbe ist Gelb. Wenn das Manipura-Chakra blockiert ist, verlieren die Menschen ihr Selbstbewusstsein. Da es viel mit der Aufnahme und Verarbeitung von Nahrung – damit ist auch seelische Nahrung gemeint – zu tun hat, können blockierte Personen oft nicht genug kriegen. Sie versuchen von anderen das zu bekommen, was sie selbst nicht geben wollen, und holen sich die positiven Gefühle von den anderen.

Das vierte Chakra, auch **Anahata**-Chakra genannt, liegt im Gebiet des Herzens. Seine Farbe ist Grün. Hier besteht ein Unterschied zur chinesischen Lehre, die dem Herzen die Farbe Rot zuordnet. In manchen Quellen bedeutet Anahata »Loslösung«, oft wird es allerdings auch mit »noch nicht zum Klingen gebracht« übersetzt. Wenn das Herz-Chakra blockiert ist, verhärten sich die Gefühle und eine innere Enttäuschung oder sogar Verbitterung entsteht.

Das fünfte Chakra wird im Sanskrit **Vishuddha** genannt. Dieses Wort bedeutet so viel wie »makellos rein«. Es liegt im Nacken an der Halswirbelsäule und seine Farbe ist Blau. Eng mit dem Mund und der Zunge verbunden, steht es vor allem für Kommunikation. Wenn es blockiert ist, werden die Menschen entweder mundfaul und störrisch oder ihr Redefluss ist nicht mehr zu stoppen und überschwemmt alle Menschen um sich herum.

Das sechste Chakra, **Ajna**-Chakra genannt, liegt auf der Stirn, genau zwischen den Augenbrauen. Es wird als »drittes Auge« bezeichnet und auch »Auge der Weisheit« genannt. Seine Farbe ist Indigoblau. Im Falle einer Blockade neigen die Menschen zu Tagträumereien und können sich nicht mehr mit dem alltäglichen Leben abfinden. Da sie die Schwächen der anderen genau beobachten, sind sie sehr kritisch und ungerecht.

Das siebte und letzte Chakra, im Sanskrit **Sahasrara** genannt, liegt am oberen Ende des Kopfes, auf dem Scheitel. In Yogi-Texten wird es als »Tausendblättriger Lotos« bezeichnet. Auch unter dem Namen Kronen-

Chakra ist es bekannt. Seine Farbe ist Violett. Seine Funktion stellt wirklich die Krönung eines Menschenlebens dar, es verbindet uns nämlich mit der Welt des Himmels.

Damit der Körper gesund und die Seele im Gleichgewicht ist, müssen die Chakren offen sein

Es ist wichtig, dafür Sorge zu tragen, dass unsere Chakren offen sind, damit sie so arbeiten, dass der Körper und seine Organe richtig funktionieren und die Seele im Gleichgewicht ist. Das Ziel, im Gleichgewicht oder ausgeglichen zu sein, klingt ziemlich langweilig und vermittelt oft das Gefühl, dass dafür immer noch Zeit ist, wenn wir älter sind. Die Ausgewogenheit der Gefühle bedeutet jedoch etwas ganz anderes, nämlich das vollkommene Glück! Stellen wir uns einmal vor, am Morgen zu erwachen – und alles stimmt! Wir fühlen uns frisch und freuen uns auf den neuen Tag und seine Aufgaben. Wenn wir unseren Partner ansehen, der neben uns im Bett liegt, durchströmt uns Liebe und Zuneigung. Egal wie das Wetter gerade ist und ob die Sonne draußen für uns scheint oder nicht, unsere Laune ist fabelhaft. Ohne jedes Ressentiment erfasst uns beim Aufstehen eine kribbelnde Neugierde auf den neuen Tag. Solche Szenen kennen wir nur aus unrealistischen Filmen – doch es ist tatsächlich möglich, diesen wunderbaren Seelenzustand zu erreichen! Zwar gelingt dies nicht unbedingt jeden Tag und nicht in jeder Stunde, doch wir können die zunächst kleinen Momente des inneren Glücks durch Energiearbeit ausdehnen.

Negative Gefühle werden geheilt

Dabei kommt uns zugute, dass die Chakren aus farbiger Energie bestehen. Durch eine meditative Visualisierung dieser Farben werden unsere Gefühle allmählich geheilt. Negative Gefühle beginnen sich langsam aufzulösen und das ist gut für die Seele. Schließlich ist es ja so, dass die negativen Emotionen, die wir anderen entgegenbringen, uns selbst nicht glücklich machen.

Ärger und Verbitterung, die wir anderen entgegenbringen, gehen zuerst einmal durch unsere eigene Seele und hinterlassen dort negative Eindrücke und Gefühle. Es ist zwar auch nicht gesund, jede negative Emotion zu verleugnen, doch es gilt, ihre Ausbreitung in unserer Seele zu verhindern und dadurch zu glücklicheren Menschen zu werden.

Lichtwellness und die Chakren

Um unsere Emotionen zu heilen, brauchen wir nichts weiter als das Wissen um die richtigen Farben der Chakren, die dann in die Energieräder hineingeleitet werden. Suchen Sie sich einen ruhigen Ort, an dem Sie nicht gestört werden; ob Sie auf einem Stuhl sitzen oder sich lieber hinlegen, bleibt Ihnen überlassen. Vergessen Sie nicht, sich zuzudecken, wenn Sie leicht frieren sollten.

Nehmen Sie sich für die Übung Zeit und sorgen Sie für eine ruhige Umgebung

Wenn sich die Chakren mit frischer Energie beleben sollen, ist es gut, eine bestimmte Reihenfolge einzuhalten. Wir beginnen den Zyklus mit dem dritten Auge und lassen dann die Energie zum Kronen-Chakra aufsteigen. Von dort gleitet sie die gesamte Wirbelsäule hinab, dabei durchläuft sie die einzelnen Chakren der Reihe nach, aktiviert und öffnet sie. Der Grund für diese Abfolge ist, dass die Imagination wesentlich leichter fällt, wenn wir mit dem dritten Auge beginnen. Sobald von dort die Aufmerksamkeit auf das Kronen-Chakra gerichtet ist, sind wir geschützt und können ohne Angst vor einer energetischen Überladung üben.

Die Chakren-Farbmeditation

- Reiben Sie ein wenig mit dem Finger auf der Stirn, und zwar genau zwischen den beiden Augenbrauen. Das Ajna-Chakra wird am besten aktiviert, wenn Sie es gegen den Uhrzeigersinn leicht massieren. Wenn Sie das Chakra eine halbe Minute lang auf diese Weise stimuliert haben, können Sie mit der eigentlichen Übung beginnen.
- Schließen Sie die Augen, am besten legen Sie ein Seidentuch darüber; je besser die Augen während dieser Übung abgedunkelt sind, desto deutlicher können Sie die Farben imaginieren.
- Stellen Sie sich vor, wie ein strahlendes indigoblaues Licht gegen den Uhrzeigersinn am Ajna-Chakra kreist. Wenn Sie das Gefühl von Bewegung oder Wärme an dieser Stelle empfinden, können Sie zum nächsten Chakra übergehen.
- Lenken Sie nun die Aufmerksamkeit auf den Scheitelpunkt. Lassen Sie am Kronen-Chakra zartviolette Farbe im Uhrzeigersinn kreisen. Sobald Sie dort eine Bewegung oder leichte Wärme spüren, hat sich das Kronen-Chakra belebt.
- Lassen Sie die Aufmerksamkeit zum Nacken, ins Hals-Chakra, fließen. Dort vollführen Sie im Geiste eine Drehbewegung mit einem strahlend hellblauen Farbton; lassen Sie die Farbe im Uhrzeigersinn kreisen, bis Sie Wärme oder eine Bewegung verspüren.

- Als Nächstes erfüllen wir das vierte Chakra, das an der Wirbelsäule in Höhe des Herzens liegt, mit grünem Licht. Das Licht soll gegen den Uhrzeigersinn kreisen, damit die bestmögliche Belebung des Herzens, die sich in einer leichten Wärme zeigt, eintritt.
- Danach lenken Sie die Aufmerksamkeit noch weiter nach unten zum Manipura-Chakra, das auf Höhe des Solarplexus liegt. Laden sie dieses Chakra mit der Farbe Gelb und einer drehenden Bewegung im Uhrzeigersinn auf. Wenn Sie dort eine Reaktion verspüren, können Sie zum nächsten Energiezentrum übergehen.
- Nun erfüllen Sie das Sexual-Chakra, das auf der Höhe der Taille liegt, mit orangem Licht. Drehen Sie das farbige Rad gegen den Uhrzeigersinn. Wenn Sie hier Bewegung und Wärme verspüren, können Sie das letzte Chakra aktivieren.
- Das Muladhara-Chakra braucht rotes Licht, um von seinen Blockaden befreit zu werden. Es liegt am untersten Ende der Wirbelsäule. Lassen Sie die rote Farbe dort im Uhrzeigersinn kreisen, so lange bis Sie eine leichte Wärme und Bewegung spüren.

Diese Farbmeditation vertreibt die negativen Gefühle, die im Laufe der Zeit und durch die verschiedensten Erfahrungen in der Seele entstanden sind, aus den Chakren. Wenn die Chakren in der ihnen zugeordneten reinen Farbe schwingen, sind schlechte Gedanken und Gefühle nur noch kurzzeitig möglich. Bei einer gesunden Seele verschwinden sie schnell wieder wie von selbst, da sie auf Grund der perfekten Farbvibration keinen Halt mehr finden und sich nicht mehr festsetzen können. Jede negative Schwingung geht nämlich mit einer Verunreinigung der gesunden Farbe einher. Je reiner die Farbe des Chakras ist, desto unempfindlicher ist es gegen schädliche Emotionen. Gleichzeitig werden die positiven Emotionen gestärkt: Beim Muladhara-Chakra verliert der Mensch durch die rote Farbe die Angst vor materiellen Verlusten und klammert sich nicht mehr krampfhaft an Besitz. Beim Svadhisthana-Chakra wird durch Orange die Qualität der sexuellen Liebe gefördert und der Fluss der Lebensenergie kommt wieder in Schwung. Wenn das Manipura-Chakra positiv in Gelb schwingt, entstehen Selbstliebe und Zufriedenheit. Ein Anahata-Chakra, in dem die grüne Schwingung vorherrscht, erzeugt Liebe zu sich selbst und anderen Menschen, Verbitterung entweicht. Wenn das Vishuddha-Chakra mit blauem Licht erfüllt ist, gewinnt der Mensch an Beredsamkeit und seine Kommunikationsfähigkeit wird gefördert. Indigoblau stärkt im Chakra des dritten Auges die Intuition und die Vorstellungskraft. Violettes Licht, das das Kronen-Chakra erfüllt, macht es dem Menschen möglich, sich zu höheren Ebenen aufzuschwingen und seine Spiritualität zu entfalten.

Positive Emotionen werden durch die Farbmeditation gestärkt

Heilsteine

Die Chakren und die Organe, je nachdem ob sie nun den Vorlagen der chinesischen Medizin oder der indischen Philosophie folgen, reagieren, wie wir gehört haben, auf ein farbiges Stimulans. Alle Übungen, die bisher vorgestellt wurden, um farbiges Licht und reine

Farbschwingung in die Organe oder Chakren zu leiten, um dort eine positive Transformation zu erreichen, waren mit eigener Konzentration und Energiearbeit verbunden. Es gibt allerdings noch eine andere Art der Übermittlung: Das farbige Licht ist ganz besonders schön in Kristallen, Edelsteinen und Halbedelsteinen gespeichert.

Wenn Sie zu nervös sind, um sich zu konzentrieren und selbst eine der Farbmeditationen durchzuführen, kann die Energie der edlen Steine das ihre dazu tun, um die Organe und Chakren mit positiven Vibrationen aufzufüllen. Das in den Steinen und Kristallen gespeicherte Licht wirkt intensiv auf den menschlichen Organismus. Es gibt Personen, denen z.B. die Energie von roten oder gelben Steinen zu stark ist. Wenn sie Schmuck aus Rubin oder Bernstein tragen, werden sie zunehmend unruhig und bekommen Herzklopfen. Andere wiederum brauchen genau diese rote Farbschwingung der Steine, um zu Kräften zu kommen.

Organe und Chakren anhand von Heilsteinen positiv aufladen

Wenn Sie mit Edelsteinen arbeiten möchten, dann benötigen Sie dazu acht Steine in den Farben Rot, Orange, Gelb, Grün, Blau, Indigo, Violett und Weiß. Von roter Farbe sind der Rubin und der Granat. Orange Steine sind der Orangencalcit und der Karneol. Gelb sind der Bernstein und der Topas. Grüne Steine sind der Smaragd und der Aventurin, von blauer Farbe sind der Calcedon und der Aquamarin. Ein indigofarbener Stein ist der Lapislazuli, und der Amethyst erstrahlt in sanftem Violett. Ganz durchsichtig und weiß ist der Bergkristall.

Die folgende Tabelle fasst die Heilsteine und die ihnen entsprechenden Farben zusammen und gibt außerdem eine konkrete Zuordnung der Steine zu den jeweiligen Chakren der indischen Lehre und den Organen der chinesischen Lehre. Da es sich um zwei ganz verschiedene Systeme handelt, weichen die Angaben zwangsweise voneinander ab. Ganz besonders gilt das für das Herz: Dem Herz-Chakra und dem Herzen als Organ werden unterschiedliche Farben zugeteilt. In China ist die Farbe des Herzens Rot, in Indien gibt man dem Herz-Chakra die Farbe Grün. Beides hat jedoch seine Berechtigung. Ist das Herz geschwächt und müde, wird es am besten mit rotem Farblicht und roten Steinen aufgeladen. Ist das Herz jedoch unruhig und nervös, braucht es grünes Licht und grüne Steine, um die überschüssige Herzenergie abzuleiten.

Auch wenn die indische von der chinesischen Lehre abweicht, haben beide ihre Berechtigung

Beide Methoden sind auf jeden Fall zu empfehlen, am besten entscheiden Sie sich entweder nach Ihren individuellen Präferenzen oder Sie lesen genau nach, welche Methode in Ihrem speziellen Fall besser geeignet ist.

Farbe	Stein	Chakra (entsprechend indischer Lehre)	Organ (entsprechend chin. Lehre)
Rot	Rubin, Granat	1. Chakra	Herz
Orange	Karneol, Orangencalcit	2. Chakra	
Gelb	Topas, Bernstein	3. Chakra	Magen
Grün	Smaragd, Aventurin	4. Chakra	Leber
Blau	Calcedon, Aquamarin	5. Chakra	
Indigo	Lapislazuli	6. Chakra	Nieren
Violett	Amethyst	7. Chakra	
Weiß	Bergkristall		Lunge

Für den Einsatz von Heilsteinen spricht auch, dass nicht nur das in den Edelsteinen eingefangene farbige Licht heilend auf die Seele wirkt, sondern die Steine selbst auch ganz spezielle Eigenschaften haben, die sie uns übermitteln können:

Der rote **Granat** erweist sich als ein Hüter der Freundschaft. Er fördert echte zwischenmenschliche Beziehungen und vertreibt falsche Freunde, die uns nur schaden wollen. Der Granat stärkt die Liebe in der Ehe und ermöglicht es, Probleme zu besprechen, die die Liebe stören könnten. Gleichzeitig fördert er die Willenskraft, die man braucht, um eine Beziehung lebendig zu erhalten.

Der rote **Rubin** gilt als Glücksstein für die reine Liebe. Er erweckt die Ehrlichkeit in einer Partnerschaft. Seine Kräfte stärken Körper und Seele so sehr, dass manche Menschen ihn nur wenige Minuten lang tragen können. Er bewahrt vor den bösen Wünschen missgünstiger und neidischer Menschen und deren Intrigen.

Der orange **Karneol** bringt Freude und Vitalität ins Leben. Er strahlt frischen Optimismus aus und fördert die mütterlichen Qualitäten in uns. Er erfüllt die seelischen Bedürfnisse des Herzens nach Geborgenheit und hilft uns dabei, die richtigen Entscheidungen in der Liebe zu treffen.

Orangencalcit schenkt uns fröhliche, wärmende Energie. Wird er nachts unter das Kopfkissen gelegt, wirkt er beruhigend bei Albträumen und Schlaflosigkeit. Er fördert unsere Intuition, lässt uns schnell reagieren und erfüllt uns mit Lebensfreude.

Der gelbe **Bernstein** schenkt ganz besondere Lebensfreude. Er verleiht eine fröhliche Ausstrahlung und hilft bei Ratlosigkeit und seelischen Verstimmungen.

Der gelbe **Topas** vertreibt Depressionen. Auch bei chronischer Erschöpfung verleiht er neue Kraft. Sein gelbes

Licht bringt Freude, Frieden und eine gute Intuition in unser Leben und vertreibt die schlechte Laune.
Der grüne **Smaragd** hilft uns, das innere Gleichgewicht wieder zu finden, und fördert die Ausgeglichenheit. Er hat verjüngende Eigenschaften und führt zu mehr Zufriedenheit und Lebensfreude. Darüber hinaus lässt er die versöhnenden Kräfte in uns wachsen; dies ist besonders in allen zwischenmenschlichen Beziehungen, wie Familie, Freundschaften und beruflichen Partnerschaften, wichtig.
Der grüne **Aventurin** beruhigt unsere Ängste. Er bringt wieder Humor und Heiterkeit ins Leben. Seine besondere Kraft kann eine negative Einstellung in eine positive verwandeln.
Der hellblaue **Aquamarin** hilft bei leichten depressiven Verstimmungen. Er steigert unsere geistige Klarheit und unsere Ehrlichkeit. Er stärkt ein angeknackstes Selbstbewusstsein und bringt Begeisterung und Glück in unseren Alltag.
Der blaue **Calcedon** vertreibt Hemmung und Lampenfieber bei öffentlichen Auftritten. Er lässt uns so sprechen, dass wir von den Zuhörern auch verstanden werden, und fördert einen heiteren Redefluss. Er bringt uns Selbstvertrauen und Durchsetzungsvermögen.
Der indigoblaue **Lapislazuli** ist der Stein der Meditation. Er führt uns zu geistiger Tiefe und stärkt die Erkenntnisfähigkeit. Dadurch erkennen wir unsere eigenen Fehler und erhalten die Kraft, uns davon zu befreien. Diese Weitsicht öffnet unserem Geist die Tore zum Kosmos.
Der violette **Amethyst** wirkt sehr spirituell, denn er verstärkt unseren Glauben an das Göttliche. Er bringt uns geistige Klarheit und ein ausgeprägtes Gefühl für Gerechtigkeit. Er regt die Fantasie an und erfüllt unsere Wohnräume mit Harmonie, wenn er dort in Form einer Druse aufgestellt wird.

Der helle, durchsichtige **Bergkristall** ist ein wahrer Lichtbringer. Er erhellt unsere gesamte Aura und verwandelt dort negative Energien in positive. Dadurch reinigt er Seele und Geist und fördert die Sensibilität.

Das Auflegen der Edelsteine funktioniert im Grunde für alle Methoden gleich. Sie werden im Liegen auf die Organe oder auf die Chakren aufgelegt. Es sollten allerdings entweder die Chakren oder die Organe aufgeladen werden, nicht beides gleichzeitig. Die Steine entfalten auf der bloßen Haut die beste Wirkung, können aber auch auf die Kleidung aufgelegt werden, wenn es nicht anders möglich ist. Damit sie an den richtigen Stellen bleiben, ohne zu verrutschen, werden sie mit einem Stück Klebeband befestigt. Sie können sich dann entspannter der Ruhe hingeben und müssen nicht immer darauf achten, dass die Steine bleiben, wo sie hingehören. Suchen Sie sich einen ruhigen Ort, an dem Sie ungestört für zwanzig bis dreißig Minuten liegen können, denn so lange brauchen die Steine, um spürbar zu wirken.

Legen Sie die Steine auf die Chakren oder auf die Organe auf

Falls Sie das chinesische Energiemodell mit den Farben der Organe bevorzugen, gehen Sie wie folgt vor:

Das Auflegen der Heilsteine auf die Organe

- Legen Sie den Lapislazuli auf die Nieren, den Aventurin auf die Leber, den Granat auf das Herz, den Bernstein auf den Magen und einen Bergkristall auf die Lunge.
- Bleiben Sie ruhig liegen und beobachten Sie, was die Edelsteine mit den Organen machen:

Entspannen sie die betreffenden Gebiete oder verleihen sie ihnen Energie, entsteht Wärme oder eher Kühle durch die Halbedelsteine?
- Nach zwanzig Minuten nehmen Sie die Steine wieder ab und reinigen Sie unter fließendem Wasser.
- Diese Behandlung kann zweimal pro Woche wiederholt werden.

Bei der Arbeit mit den Chakren sollten Sie folgendermaßen verfahren:

Das Auflegen der Heilsteine auf die Chakren

- Legen Sie den Granat in das Gebiet des ersten Chakras, den Karneol in das Gebiet des zweiten Chakras, den Bernstein in das Gebiet des dritten Chakras, den Aventurin in das Gebiet des vierten Chakras und den Calcedon in das Gebiet des fünften Chakras. Der Lapislazuli wird auf das dritte Auge gelegt und der Bergkristall auf den Scheitel.
- Ruhen Sie nun zwanzig bis dreißig Minuten.
- Anschließend werden die Steine unter fließendem Wasser gereinigt.
- Die Behandlung der Chakren mit edlen Steinen wirkt sehr tief greifend und intensiv, daher reicht es aus, sie nur einmal pro Woche durchzuführen.

Auch die schönen Edelsteine können sich negativ auf den Körper auswirken, wenn sie zu lange aufliegen oder wenn sie mit negativer Energie behaftet sind. Denken Sie nur an die tragischen Geschichten, die sich um berühmte Juwelen ranken. Gerade besonders schöne und große Steine haben ihren Trägern schon oft persönliches Unglück gebracht. Halten Sie sich daher bitte genau an die angegebenen Zeiten.

Crystal Cards

Die Anziehungskraft der Crystal Cards

Vor einigen Jahren kam ich auf einer Reise durch England in eine kleine, düstere esoterische Buchhandlung. Es roch nach Süßgras und Räucherwerk. Ich stöberte eine Zeit lang im reichhaltigen Sortiment des Ladens herum und fühlte plötzlich eine seltsame Ausstrahlung zu meiner Linken. Auf einem Ständer hingen kleine Karten, die in den unterschiedlichsten Farben leuchteten. Ich griff nach einer goldenen Karte und ein wohliges Gefühl rieselte mir den Arm hinauf, sobald ich sie in der Hand hielt.

Das war der Anfang einer intensiven Beziehung zu den Crystal Cards, die mir im Laufe der Jahre viel Freude schenkten und mir viele Möglichkeiten zur Entwicklung eröffneten.

Die zehn farbigen Crystal Cards haben die Größe einer Scheckkarte und sind aus Aluminium. In sie sind in einem sehr komplizierten technischen Verfahren Tausende mikroskopisch kleiner, pyramidenförmiger Bergkristalle eingeätzt. Darüber hinaus sind sie in satten und ungiftigen Farben eingefärbt. Ihr Format und ihre Leichtigkeit machen es möglich, dass sie unauffällig am Körper getragen oder aufgelegt werden können. Aluminium wurde deshalb verwendet, da es ein leichtes und weiches Metall ist und es sich in diesem Fall hervorragend als Trägersubstanz für Kristalle eignet. Die Crystal Cards verbinden auf wohltuende Weise die Erfolge moderner Forschung – Kristalle werden in der Elektronik und in der Medizin verwendet – mit erprobtem, altem Wissen. Sie sind eine geglückte Synthese von Kenntnissen aus der Welt der Technik und dem Wissen aus der Kristall- und Farbtherapie.

Die kosmische Kraft der Crystal Cards

Die Crystal Cards transportieren kosmische Kraft, indem sie den Bergkristall als Lichtbringer verwenden. Bei den Kristallen auf den Karten handelt es sich um winzige, lebendige Kristalle, die ganz natürlich in der Erde vorkommen. Ihre Energie können Sie deutlich in den Chakren und anderen Energiezentren spüren oder auch über die Haut und das Nervensystem. Sowohl die Kristalle als auch das Aluminium verstärken die Wirkung der aufgetragenen Farben.

Die Kristalle wirken dadurch, dass sie Lichtenergie in die Aura bringen. Mit Aura wird eine unsichtbare feinstoffliche Hülle bezeichnet, die sich um uns bildet. Sie folgt den Linien des Körpers und gibt schwache farbige Lichtzeichen ab, die hellsichtige Personen wahrnehmen können. Es gibt verschiedene Auren, die wie Schichten übereinander liegen: eine Aura, die das körperliche Befinden anzeigt, eine, in der die Gefühle gespeichert sind, und eine, die unsere spirituelle Entwicklung anzeigt. Aus der Beschaffenheit der Aura können mit Hellsicht begabte Menschen Rückschlüsse auf die körperliche und seelische Gesundheit und Entwicklung der betroffenen Person ziehen. Kristalle wirken durch diese Verbindung heilend, schützend und ausgleichend. Fehlerhafte Schwingungen werden wieder in Einklang mit der Harmonie der Seele gebracht und bringen sie in eine positive Resonanz mit den Kräften des Universums. Kristalle und Farben arbeiten gemeinsam mit den natürlichen Rhythmen des Körpers und passen sich an die besonderen Eigenschaften des Menschen, der sie bei sich trägt, an. Dadurch sind sie ein sehr bekömmliches Instrument, um die eigenen Seelenkräfte zu stärken und um seelische Verletzungen auszuheilen.

Besonders wirksam ist der Bergkristall, der durch seine reinen Vibrationen Harmonie ins Leben bringt. Bevor er die Aura und die Chakren auflädt, reinigt er das Energiesystem von störenden Verunreinigungen und Schwingungen, damit sein Licht leichter eindringen kann. Wie ein lichtvoller Staubsauger entfernt er Belastungen aus unserer Seele, sodass sie wieder voller Lebensfreude und Optimismus strahlen kann.

Der Bergkristall entfernt wie ein Staubsauger die Belastungen aus unserer Seele

Durch die Pyramidenform der winzigen Kristalle auf den Crystal Cards wird ihre Wirkung um ein Vielfaches gesteigert. Der Bergkristall ist ein Quarz und damit ein Mineral, das Schwingungen aufnimmt und verstärkt; dadurch kann die Eigenschwingung der Kristalle und die Vibration der Farbe tief in die Aura eindringen. Die Wirkung auf die Psyche ist enorm: Kristalle und Farben bewirken eine allmähliche Transformation der Seele. Verkrampfungen, Voreingenommenheit und seelische Belastungen werden geradezu aus dem Körper vertrieben. Dadurch haben die positiven Eigenschaften und Qualitäten wieder genug Raum, um sich zu verbreiten.

Die Verbindung von Bergkristall und Farbe existiert in zehn Variationen:

Goldene Kristallenergie stärkt unsere nervlichen und seelischen Kräfte, sie fördert das allgemeine Wohlbefinden und gewährt absoluten Schutz. Gold ist auch die Farbe des Erfolgs. Legen Sie daher die goldene Karte mit natürlich entstandenen Bergkristallspitzen auf Ihr Fensterbrett. Diese Kombination zieht den Erfolg geradezu magnetisch an.

Silberne Kristallenergie wirkt wie ein magischer Spiegel. Das bedeutet, dass sie alle negative Energie zum Ausgangspunkt zurückspült. Daher ist diese Karte besonders wichtig für Menschen, die beständig negativen Energien ausgesetzt sind, wie Therapeuten oder Krankenschwestern.

Schwarze Kristallenergie vertreibt oder neutralisiert negative Energien. Wie ein Schwamm oder ein kosmischer Staubsauger nehmen die schwarzen Kristalle alle Negativität auf, die uns umgibt oder von anderen durch Missgunst auf uns gerichtet wird. Eine besonders gute und sehr wirksame Kombination zur Verstärkung des persönlichen Schutzes ist es, Schwarz mit Silber oder/ und Gold bei sich zu tragen.

Rote Kristallenergie stattet uns mit geistiger Stärke aus. Sie kräftigt die Sexualenergie und betont unsere Individualität. Da sie auch Schutz und Sicherheit in der Materie gibt, hilft sie auch Ur- und Existenzängste zu vertreiben.

Orange Kristallenergie fördert unsere Kreativität. Sie vermittelt uns Entspannung und mütterliche Geborgenheit. Durch sie verschwinden allgemeine Ängste und Übervorsicht.

Gelbe Kristallenergie macht unseren Geist frisch. Die Lernfähigkeit steigt und unser Denken wird klarer. Dadurch entsteht ein größeres Selbstvertrauen in unsere geistigen Fähigkeiten. Sie fördert zudem den Erfolg.

Grüne Kristallenergie bringt seelische Harmonie und Ausgeglichenheit, sie fördert das Wachstum auf allen Ebenen.

Blaue Kristallenergie lässt die Anspannung des Alltags von uns gleiten. Sie fördert eine gute Kommunikation und sorgt für eine friedliche und heitere Stimmung. Schüchterne Menschen werden selbstbewusster und zielgerichteter.

Indigofarbene Kristallenergie verstärkt eine gute Intuition. Sie sorgt dafür, dass wir auch die Bedürfnisse und Gefühle anderer sehen können und uns nicht nur um uns selbst kümmern. Indigo erleichtert es uns, störende Angewohnheiten aufzugeben. Besonders gut gelingt das, wenn es mit Gold kombiniert wird.
Violette Kristallenergie wirkt gegen jeglichen Stress. Sie vertreibt psychosomatische Schmerzen und entspannt die Seele. Liebe und Ruhe werden durch sie gefördert, gleichzeitig öffnet sie uns das Tor zu tiefer Meditation und stärkt das Vertrauen und den Glauben an Gott.
Die Crystal Cards wirken am besten, wenn sie am Körper getragen werden. Stecken Sie sie einfach in die Hosen- oder Blusentasche. Blau, Indigo und Violett können ihre Wirksamkeit auch in der Nacht entfalten, wenn Sie sie unter das Kopfkissen legen. Ab und zu brauchen sie eine kurze Dusche unter kaltem fließenden Wasser, um sich von den negativen Energien, die sie im Laufe der Zeit aufnehmen, wieder zu reinigen. Die Crystal Cards können so lange am Körper getragen werden, wie Sie sich damit wohl fühlen, und sie sind praktisch unzerstörbar und nur durch rohe Gewalt zu vernichten.
Mit dieser praktischen Kombination von Kristallen und Farben wurde eine echte Hausapotheke für die Seele geschaffen, die jederzeit und ohne jeden Aufwand als wirkungsvolle Hilfe zur persönlichen Entwicklung eingesetzt werden kann. Erwachsene und Kinder profitieren in gleicher Weise von den Kristallkarten. Legen Sie kleinen Kindern eine passende Kristallkarte ins Bett und entfernen Sie sie, bevor Sie schlafen gehen, dann können die positiven Schwingungen von Farben und Kristallen einige Zeit lang auf das Kleine einwirken. Kinder sprechen besonders gut auf diese feinen Vibrationen an und verarbeiten sie buchstäblich wie im

Hausapotheke für die Seele

Schlaf. Falls Ihr Kind jedoch die rote Crystal Card braucht, geben Sie ihm diese Karte nur am Vormittag ins Bettchen oder in die Hosentasche, denn sonst wird sein Schlaf unruhig oder behindert.

Die Crystal Cards können auch Tieren helfen

Genauso wie Bachblüten, Farbtherapie oder andere alternative Heilmittel für die Seele können die Crystal Cards auch Tieren bei ihren Problemen helfen, wenn sie unter Gefühlen wie Angst, Übervorsicht oder Unsicherheit leiden. Denken wir dabei gerade an die vielen Tiere, die in den Tierheimen gelandet sind oder von ihren Besitzern nicht liebevoll behandelt werden. Diese Tiere haben einen hohen Bedarf an Verlässlichkeit und Geborgenheit. Legen Sie eine Kristallkarte auf den Lieblingsplatz des Tieres oder befestigen Sie sie – das gilt vor allem für größere Tiere, wie Pferde oder große Hunde – am Halsband oder Zaumzeug des Tieres. Gerade Pferde, die sehr sensibel auf ihre Umgebung und die Reize, die von ihr ausgestrahlt werden, reagieren, brauchen einen umfassenden Schutz. Sie sind dankbar für die Kristallkarten in Silber, Schwarz und Gold. Ganz besonders gilt diese starke Schutzkombination für Pferde, die im Wettkampf stehen, wie z.B. Turnierpferde. Sie leiden nicht unter dem Wettbewerb mit anderen Tieren, sondern unter dem Druck, den die Menschen auf sie ausüben, die selbst gewinnen wollen und den anderen Pferden Negatives wünschen. Diese Gedanken haften wie eine dunkle Wolke an den Tieren und verdunkeln ihre Aura. Dadurch werden die Pferde schwermütig, sind dauernd krank oder verletzt und können nicht mehr sportlich tätig sein, was ganz im Sinne der anderen missgünstigen Pferdebesitzer und Reiter ist. Natürlich gilt das auch für andere Tiere, die in sportlichem Wettbewerb stehen, doch Pferde sind eben besonders sensibel. Das hat allerdings auch etwas Gutes, da sie nämlich ebenso sensibel auf die positiven

Schwingungen, die ihnen entgegengebracht werden, reagieren – hier sind die Kristallkarten eine echte Hilfe.

Anwendung der Crystal Cards

- Tragen Sie die für Sie relevante Karte am Körper, in der Tasche oder legen Sie sie unter das Kopfkissen.
- Reinigen Sie sie ab und an unter kaltem fließenden Wasser.

Anhang

Literatur

Bahr, Frank R./Wesemann, Christiane T.: Chakren. Der uralte Weg zu neuer Kraft und physischer Heilung, Bahr, 2005 (Veröffentlichung der Europäischen Akademie für Traditionelle Chinesische Medizin, München)

Bahr, Frank R.: Akupressur. Erfolgreiche Selbstbehandlung bei Schmerzen und Beschwerden, München, 2003

Chia, Mantak: Tao Yoga des Heilens, Interlaken, 1987

Dinshah, Darius: Es werde Licht, Malaga, USA, 1989

Hackl, Monnica: Farben-Chromotherapie nach Dinshah, Stuttgart, 2003

Hickethier, Kurt: Lehrbuch der Biochemie, Kemmenau, 1989

Klotsche, Charles: Color Medicine, Sedona, USA, 1993

Larsen, Christian: Gut zu Fuß ein Leben lang, Stuttgart, 2004

Kaptchuk, Ted. J.: Das große Buch der chinesischen Medizin, Bern, 1997

Liberman, Jacob, et al.: Light Years Ahead, Berkeley, USA, 1996

Das große Lexikon der Heilsteine, Düfte und Kräuter, Neu-Ulm, 1997

Ouseley, S.G.J.: Color Meditations, London, UK, 1949

Rieger, Berndt: Psychologische Schüßler-Salz-Therapie, Neckarsulm, 2004

Schleimer, Jochen: Salze des Lebens, Regensburg, 1984

Die Firma Bionic stellte mir freundlicherweise ihre Unterlagen zur Bionic Light-Skintherapie zur Veröffentlichung zur Verfügung.

Bezugsquellen

Farbfolien;
Farblampen;
Kristallkarten (Crystal Cards);
Color-Pen (Farblichtstift).

Alle diese Artikel sind erhältlich bei:
muw Studio für Informative Medizin
Postfach 1407
84405 Dorfen
Tel.: 08081-95 55 73
Fax: 08081-956 08 56
E-Mail: info@muw-sinnmed.de

Bionic Light erhalten Sie außerdem unter folgender Adresse:
Bionic K. Kronlacher & Co.
Neualmerstr. 15
A-5400 Hallein
Tel.: 0043-6245-836 04
Fax: 0043-6245-836 04 31

Fragen zu Bionic beantwortet Ihnen Alexandra Heim
Tel.: 0043-664-822 66 56

Color-Pens erhalten Sie außerdem unter folgender Adresse:
DURANGO
Medizintechnik
Gutenbergstr. 17
85080 Gaimersheim

Polarisationsfilter erhalten Sie im Fotoladen;
Seidenpapier erhalten Sie im Papier- und Schreibwarengeschäft;
Seide erhalten Sie in Textilgeschäften;
Kristalle und Halbedelsteine in Mineralienhandlungen.

Informationen und Broschüren zu den Schüßlersalzen erhalten Sie unter folgender Adresse:
Biochemischer Bund Deutschlands e.V.
In der Kuhdrift 18
41541 Dormagen

Register

Rot: vitalisiert

Orange: löst Ängste

Gelb: entgiftet

Lindgrün: verjüngt

Grün: desinfiziert

Türkis: regt Kollagenbildung an